LAS PASTAS

y sus salsas

LA COCINA Y SUS SECRETOS

Lambert Ortiz, E. — **Deliciosas conservas y confituras**
Lambert Ortiz, E. — **Enciclopedia de las especias**
Lomazzo, Daniel — **Mis recetas para usted**
Pirolo, Ketty de — **Cocinemos con Ketty. Cocina**
Pirolo, Ketty de — **Decoremos con Ketty**
Pirolo, Ketty de — **El freezer, usted y yo**
Pirolo, Ketty de — **Tartas dulces y saladas**
Pirolo, Ketty de — **Decoración artesanal de tortas**
Pirolo, Ketty de — **El libro de las dietas**
Pirolo, Ketty de — **Microondas, usted y yo. Combinado con convección y grill**
Pirolo, Ketty de — **Mis mejores recetas**
Pirolo, Ketty de — **Nueva repostería de Ketty**
Pirolo, Ketty de — **Panqueques para todos**
Pirolo, Ketty de — **Cocina light. La manera diferente de cocinar**
Pirolo, Ketty de — **Todas las pizzas. Empanadas. Fugazzas. Fainá**
Pirolo, Ketty de — **Las pastas y sus salsas**
Pirolo, Ketty de - Dubourg, Adolfo C. — **Cocinemos pescados y mariscos**
Pirolo, Ketty de - Lomazzo, Daniel — **¡Chicos!!! A cocinar... Es fácil y divertido**
Pirolo, Ketty de - Lomazzo, Daniel — **Fiambres y algo más**
Rosato, Vilma de — **Tortas con estilo. Repostería artesanal para todos**
Siemienczuk, N. de — **Las mejores recetas de la cocina internacional**
Vázquez-Prego, A. — **Así cocinan los argentinos**

KETTY DE PIROLO

LAS PASTAS
y sus salsas

LIBRERIA-EDITORIAL
EL ATENEO

641.5 PIR
Pirolo, Ketty de
Las pastas y sus salsas. - 1ª ed. - Buenos Aires: El Ateneo,1995.
VIII, 152 p.; 23 × 16 cm.

ISBN 950-02-8447-2

I. Título - 1. Alimentos - Preparación

Librería, Editorial e Inmobiliaria, Florida 340, Buenos Aires.
Fundada en 1912 por don Pedro García.

Se terminó de imprimir el 7 de abril de 1995
en Impresiones Avellaneda, Manuel Ocantos 253,
Avellaneda, Provincia de Buenos Aires.
Tirada: 5.000 ejemplares.

IMPRESO EN LA ARGENTINA

ÍNDICE

A los lectores 1
Informaciones útiles. Antipasti 3
Algunas referencias históricas. Cocción de las pastas. Cómo servir las pastas. Los quesos más recomendados para las pastas. Party de tallarines o spaghetti o tirabuzones. *Antipasti*
Algunas masas para pastas 17
Las pastas de este libro 29
Las salsas más sabrosas 121
Índice alfabético 145

A LOS LECTORES

La costumbre de consumir pastas fue "importada" a la Argentina por los inmigrantes italianos que, en gran número, arribaron desde la segunda mitad del siglo XIX. Su aceptación y difusión resultó general y, en nuestros días, en muchos hogares la pasta es una tradición dominical que convoca a toda la familia.
Y aun en estos tiempos de prisas y de alimentos envasados y congelados, hay muchos que perpetúan la práctica de amasar la pasta para tallarines, ravioles, ñoquis o lasañas, tal cual lo aprendieron de sus mayores; sostienen que la pasta amasada en casa es más sabrosa... y tal vez tengan razón.
Este libro pretende ser una respuesta eficiente para todos los que se interesen por el tema y cuyos grados de conocimiento y de disposición difieren; así será muy útil para quienes ya amasan y piensan seguir haciéndolo, pero también lo será para los que no saben y desean aprender o, por último, para aquellos que no tienen tiempo... o ganas, y utilizan habitualmente pastas frescas o secas compradas.
Presento en el libro recetas tradicionales, otras que he ido probando a lo largo de años de experiencia, y por fin, algunas incorporadas en los viajes que he realizado. También creí oportuno incluir, en una sección especial, numerosas recetas de salsas que son, en muchos casos, verdaderas novedades.

He volcado en Las pastas y sus salsas *todo mi conocimiento y mi afecto por ustedes y sólo espero que se constituya en un auxiliar eficaz para todos los que deben afrontar el compromiso de presentar una rica pasta en la mesa familiar, sea cual fuere su experiencia, sepa cocinar o esté realizando los primeros "pininos" en este arte.*

K. DE P.

Informaciones útiles

Antipasti

Algunas referencias históricas

¿Cuándo se consumió pasta por primera vez? ¿Dónde sucedió esto? No hay respuestas concretas para estas preguntas, porque los orígenes de la pasta se desdibujan entre la leyenda y ciertos datos históricos.

Así, durante mucho tiempo se aceptó como verosímil la versión que daba a la China como la precursora o "inventora" de esta especialidad. Según esta teoría, la pasta era conocida en ese país oriental desde hacía más de 3.000 años; a fines del siglo XIII, el veneciano Marco Polo la habría "importado" a Italia al regreso de su viaje al remoto país del Gran Khan (es decir, la China), en el cual vivió durante varios años. Según esta historia sería Marco Polo el responsable de la introducción de la pasta en Italia, país que la adoptó como propia, pues su aceptación fue muy amplia en toda la península.

Otros autores, en general de origen italiano, proponen otra visión del asunto: la pasta es autóctona de Italia y hay suficientes pruebas que así lo atestiguan. Según ellos, cuando los griegos fundaron lo que andando el tiempo sería Nápoles (s. V a.C.), los pobladores de la región ya consumían una pasta hecha de harina de cebada y agua. Más tarde, en la Roma de los tiempos finales de la República (s. I a.C.), parece ser que se había popularizado una pasta que podría compararse con las actuales lasañas.

La difusión en Italia del consumo de la pasta se produjo a lo largo de los siglos; hubo de pasar toda la Edad Media para que dicho consumo fuera habitual en distintas regiones de la península. Ya en pleno Renacimiento, en los siglos XV y XVI, se sabe que la pasta era apreciada en Liguria, Toscana, Umbria, el Lazio, la Campaña y Sicilia, donde tenía, de tiempo atrás, mucho prestigio. De esta misma época data su difusión en otros países europeos, como Francia.

En definitiva, sea cual fuere la verdadera historia de la pasta, una circunstancia queda fuera de toda duda: fue en Italia donde tuvo gran acogida, y de allí pasó a los países europeos y América. Hoy la pasta, en sus diversas variedades, se consume en gran parte del mundo.

En la Argentina fue introducida por los inmigrantes italianos que llegaron al país en la segunda mitad del siglo XIX. Su aceptación fue general; hoy la pasta tiene carta de ciudadanía local e integra la dieta de todos los habitantes del país, sea cual fuere su origen. Los ravioles o los tallarines del domingo son centro de atención de quienes se reúnen en torno de la mesa familiar, y este hecho se ha constituido en una auténtica tradición.

Cocción de las pastas

— El éxito de un plato de pasta depende de la cocción adecuada de la pasta elegida.
— La pasta puede *ser seca* y en paquetes; el tiempo de cocción para estas pastas es de 10 minutos o más, ya que necesitan rehidratarse y, depende, además, de su forma y longitud.
— Pasta fresca casera, elaborada en casa, y también la pasta fresca que se compra en los comercios.
— El tiempo de cocción de la pasta fresca es de 3 a 5 minutos.
— La cantidad de agua que debe emplearse se indica en el cuadro de pág. 6; agregarle 1 o 2 cucharadas de aceite.
— La olla debe ser adecuada para la cantidad de agua y pasta que se va a cocinar.
— El agua debe estar hirviendo y en ese momento colocarle la sal gruesa.
— Se calculan 10 gramos de sal por cada litro de agua.

— Durante la cocción, la olla debe estar destapada para evitar que los fideos se ablanden y se tornen pegajosos.
— Cuidar que durante la cocción se mantenga el punto de ebullición.
— Revolver continuamente con tenedor de madera (no usar de metal). Esto se hace para que la pasta no se rompa.
— Los fideos largos y secos no deben cortarse, se introducen de punta, abriéndolos en forma de abanico y cubriendo todo el contorno interior de la olla. Se empujan para que entren de a poco; la parte de los fideos que está en el agua se va ablandando y adaptándose.
— La pasta se hallará cocida “al dente”, cuando esté blanda pero ofrezca cierta resistencia al ser mordida.
— Utilizar un colador grande para que toda la pasta se cuele en una sola vez.
— Colar la pasta de inmediato, cuando se la note cocida “al dente”.
— Sacudir el colador para deshacerse del exceso de agua. No enjuagar nunca las pastas, pues se enfrían y pierden la capa de almidón que ayuda a que se adhiera la salsa.
— Para algunos platos, especialmente aquellos en que las pastas se preparan en ensalada, es conveniente pasarlas por un chorro de agua fría.
— Para utilizar de un día para otro la pasta seca cocida, colarla “al dente”, colocarla en un bol, cubrirla con agua tibia, dejarla así durante 10 minutos. Colar de inmediato, colocarla en un bol o en un recipiente de plástico con tapa, previamente rociado con 2 cucharadas de aceite y mezclar con la pasta.
— Algunas pastas se cocinan en la salsa, según la receta que se utilice.
— La pasta que se guarda de un día para otro, se calienta introduciéndola en agua hirviendo y luego se cuela y se utiliza según la receta que se sigue.
— Las pastas rellenas están a punto cuando se cocinan y suben a la superficie del agua, su masa se pone transparente y se trasluce el relleno.

Relación entre pasta y agua para lograr una buena cocción

Cantidad de pasta	*Cantidad de agua*
125 g de pasta	1,5 litro de agua
250 g de pasta	3 litros de agua
500 g de pasta	4 litros de agua
750 g de pasta	5 litros de agua

Cuando haya que preparar 1 kilogramo de pasta cocinarlo en 2 ollas, pues cada 500 gramos de pasta necesitan 4 litros de agua.

Sal gruesa, 1 cucharada sopera por 4 litros de agua.

Cómo servir las pastas

Calentar muy bien previamente la fuente en que se servirá la pasta. No colocar en ella una montaña de pasta, pues así se enfría.

Cómo enrollar en el tenedor los tallarines, spaghetti, tagliatelle y otras pastas

— Para arrollar las pastas largas en un tenedor hay que tomar unos pocos fideos y separarlos de los demás. Tomar muchos fideos es un error, porque se forma un bollo difícil de manejar.
— Colocar la punta del tenedor contra el borde del plato y hacerlo rotar hasta que los fideos estén completamente enrollados en él.

Los quesos más recomendados para las pastas

1. *Parmesano grana:* Horma de 7 a 8 kg; es más suave que el extravecchio.

2. *Parmesano extravecchio:* Es el mejor queso, viene en hormas de 20 kg con estacionamiento de 16 a 18 meses.
3. *Provolone:* Típico queso italiano, pasta seca y picante, rico en sustancias grasas. Horma de tamaño grande y alargada en forma de pera.
4. *Reggianito:* Pasta dura, sabor y aroma suave y bien desarrollado.
5. *Pecorino:* Se prepara con leche de oveja, es fuerte, pero mezclado con parmesano extravecchio adquiere un riquísimo sabor.

Algo más sobre el queso

- Según la usanza italiana, el queso para la pasta se presenta en un trozo; cada comensal lo ralla sobre su plato de pasta, de esta manera no pierde nada de sabor y conserva la frescura de su aroma.
- Cuando la salsa que acompaña a la pasta es a base de pescados o mariscos, no se debe usar queso rallado.

Party de tallarines o spaghetti o tirabuzones

- Este party es muy original y práctico, pues se procede como si se tratara de un buffet froid. La pasta elegida debe estar cocida "al dente".
- Después de escurrir los fideos, colocarlos en fuentes precalentadas. Su cantidad depende del número de comensales.
- En una mesa auxiliar se coloca la fuente con la pasta cocida y bolcitos cerámicos, térmicos o de un material adecuado, con 5 o 6 salsas diferentes, todos con sus correspondientes cubiertos para servir.
- Colocar queseras pequeñas con queso rallado.
- En la mesa o mesitas disponer mantel o mantelitos individuales, preferentemente floreados, rústicos o escoceses.
- En otra mesa auxiliar colocar pilas de platos playos y otra pila de hondos o bien cazuelas individuales con un plato debajo de tamaño postre.

- Los cubiertos deberán ser un tenedor y una cuchara. Recordar que para comer pasta no se utiliza cuchillo; si son fideos largos se arrollan en el tenedor con ayuda de la cuchara.
- Se necesita una sola copa, porque el vino debe ser rosado o tinto según el gusto de los comensales.
- Colocar también varias paneras, saleros y pimenteros de madera.
- Antes de comenzar el party de pastas podrán servirse algunos *antipasti* (ver en páginas siguientes) o, simplemente, palitos salados, cantimpalo o salame en rodajitas, salamín, aceitunas negras y verdes espolvoreadas con orégano, ají molido y aceite y algunas tostaditas.
- Cada comensal irá con su plato, como si se tratara de un buffet froid, y se servirá la pasta y la salsa deseadas, sean frías o calientes.
- Para que no se enfríen las salsas calientes, podrán colocarse sobre pequeños calentadores.
- Si los recipientes en que se hallan las salsas son pequeños, renovarlas a medida que se vacían.
- Lo mismo hacer con las pastas, siempre presentarlas bien coladas, "al dente" y calientes.
- Las salsas que se sugieren son: boloñesa, fileto, de tomate liviana y pesto con nueces, de pollo y champiñones, bechamel con pollo hervido y jamón picados, vongole, putanesca pizzaiola, de mariscos.

  Nota: si al colar la pasta se coloca en la misma olla manteca, se calienta y se pasan los fideos antes de servirlos en la fuente, resultan exquisitos.

Postres sugeridos para los partys de pastas

Mousse de limón u otra fruta, macedonia de frutas, mousse de chocolate con bocha de helado en el medio y salpicada con nueces y almendras tostadas, peras a la menta con salsa de chocolate.

ANTIPASTI

Cuando se organiza una reunión para muchos comensales (más de 6), vale la pena comenzar, antes de la pasta, con los siguientes *antipasti*. No se ofrecen todos juntos, sino que resulta muy adecuado servirlos por tandas. De los que a continuación se enumeran, las tabletas o triángulos de pizza de queso que remplazan al pan se van renovando calentitos para que estén crocantes.

a) Jamón serrano o crudo (una tajada por comensal)
b) Cebollas asadas
c) Ensalada de aceitunas siciliana
d) Tomates al atún
e) Ensalada de champiñones
f) Cucuruchos de mortadela
g) Berenjenas con ajíes y cebolla
h) Mozzarella frita
i) Langostinos empanados
j) Rabas
k) Champiñones a la crema
l) Pizzas de queso finitas

Luego la pasta elegida.

Forma de servir

Servir en cada plato la tajada de jamón crudo con las berenjenas con ajíes.
Las siguientes preparaciones se sirven en conjunto (sin cambiar el plato); se ponen todas en la mesa antes de la pasta.

Cebollas asadas

Asar en el horno ocho cebollas pequeñas con toda la piel durante unos 30 minutos a una temperatura de 200°C, jugo de 1 limón, ½ cucharadita de mostaza, sal, pimienta, ½ taza de agua.

Dejar reposar, servir las cebollas frías adornadas con pimiento verde cortado en tiritas.

Ensalada siciliana de aceitunas

200 gramos de aceitunas negras descarozadas, 1 cebolla tierna muy picada, 1 diente de ajo picado, 1 poquito de menta picada, 4 tallos blancos de apio cortados en tiritas finas, 4 cucharadas de aceite de oliva, jugo de limón, sal y pimienta.
Mezclar los ingredientes, dejar reposar y servir la ensalada cuando esté bien fría.

Tomates al atún

4 tomates no muy maduros y chicos, 1 lata de atún (300 a 400 gramos) al natural, 1 cebolla finamente picada, 2 cucharadas de jugo de limón, 1 cucharada de eneldo picado, 1 cucharada de perejil picado, sal y pimienta.
Cortar la tapa de los tomates, vaciarlos, dejarlos boca abajo para que escurran bien. Escurrir el atún, desmenuzarlo, mezclarlo con la cebolla, el jugo de limón, el eneldo, el perejil y salpimentar. Rellenar los tomates y decorarlos con finas hierbas picadas.

Ensalada de champiñones

Limpiar, lavar y secar 250 gramos de champiñones. Calentar en una sartén 3 cucharadas de aceite, rehogar los champiñones de 6 a 8 minutos, añadirles un poco de sal, dejar enfriar. Preparar un aderezo (aliño) picante con 1 cebolla picada, pimienta y sal, azúcar, condimento y vinagre. Verter encima de los champiñones y dejar reposar. Servir adornados con pimientos cortados en cubitos.

Cucuruchos de mortadela

6 rodajas de mortadela, 60 gramos de alcaparras, 1 cucharada de mayonesa, 1 cucharada de yogur, 2 huevos duros, pimienta, jugo de limón, 5 hojas de lechuga cortadas en tiritas.
Mezclar las alcaparras con la mayonesa, el yogur, un huevo duro picado, condimentar, mezclar con las tiritas de lechuga. Hacer un corte hasta el centro de las rodajas de mortadela. Formar con ellas cucuruchos, llenarlos con la mezcla. Adornar con gajos de huevo duro.

Berenjenas con ajíes y cebolla

Quitar el tronco de 4 berenjenas medianas. Cortarlas en rodajas a lo largo de 1 ½ centímetro de espesor. A su vez cortar cada rodaja en bastoncitos de 5 a 6 centímetros de largo. Poner en un colador con sal gruesa entre capas, colocar encima un plato para apretár y así la berenjena suelta totalmente su jugo.
Dejar durante 1 hora, enjuagar, secar y exprimir bien con las manos. Cortar 3 ajíes rojos y 2 ajíes verdes en tiras del mismo ancho y largo de las berenjenas. Cortar en juliana 3 cebollas, picar 3 dientes de ajo y quitarles la piel a 3 tomates.
En una cacerola calentar ½ pocillo de aceite y rehogar las cebollas; cuando comienzan a tomar color suave, incorporar las berenjenas y ajíes, más los ajos. Condimentar con sal y pimienta, un poco de orégano y echarles por encima 10 hojas de albahaca picadas a mano y los tomates.
Tapar la cacerola y continuar la cocción a fuego suave durante 10 minutos.
Se sirven mejor de un día para otro y bien escurridas de su jugo de cocción.

Mozzarella frita

Cortar rodajas de 1 ½ cm de espesor de mozzarella en barra. Dividir cada uno de esos trozos verticalmente en 2 partes, congelarlos. Tener huevo batido con sal, pimienta y nuez moscada.

Pasar las rodajas de mozzarella congelada por harina, luego por el huevo batido y finalmente por rebozador. Llevar al freezer. En el momento de utilizar, freír de ambos lados en aceite caliente (se fríen frías, casi congeladas). Escurrir sobre toallas de papel. Servir calientes.

Langostinos empanados

18 langostinos limpios; pasarlos por la siguiente pastina. Batir 1 o 2 huevos con sal, pimienta y una gotita de salsa de Tabasco. Pasar los langostinos por harina, luego por la pastina. Freírlos en aceite caliente. Escurrirlos sobre papel absorbente. Servir bien calientes.

Rabas

Comprar 1 kg de calamares. Limpiarlos, quitarles los tentáculos (reservarlos para hacer otro plato). Limpiar bien el interior de los calamares, enjuagarlos y con tijera o cuchillo filoso cortar las rabas. Colocarlas un par de horas en leche, escurrirlas y sin enjuagar pasarlas por harina, sacudirlas, freírlas en aceite caliente. Escurrirlas sobre papel absorbente.

Nota: para hacer rabas tiernas deben entrar en el kilo 4 o 5 calamares; si entran menos, las rabas serán duras.
Cambiar el plato anterior y colocar ante cada comensal un plato con champiñones a la crema.

Champiñones a la crema

Lavar 400 gramos de champiñones y cortarles el extremo del tronquito. Calentar en una sartén grande ½ pocillo de aceite, rehogar los champiñones; apenas tomen colorcito echarles ½ vaso de vino blanco, salpimentar, esperar que el vino se reduzca. Volcar por encima ½ pote de crema de leche, revolver sobre fuego para que se impregnen bien. Servir.

Pizzas de queso finitas

Estirar un trozo de masa de pizza, dejarla finita, espolvorear con queso parmesano y, si se desea, con 1 o 2 dientes de ajo picados. Doblar la masa, estirarla con palote, repetir el queso y volver a doblar.
Estirar muy fina, colocar sobre placa enmantecada y enharinada. Llevar a horno caliente durante 10 minutos, cuando está cocida cortar en triángulos o rectángulos (deben parecerse a tablas de pizza).

Nota importante

Un final feliz después de estos *antipasti* (la llamada picada, entre nosotros) es un riquísimo plato de pasta.
El postre que es un broche de oro para este menú es la *mousse de chocolate,* colocada en compoteras individuales con una bocha de helado de crema americana en el centro. Salpicar con almendras tostadas y mitades de nueces.

Algunas masas para pastas

MASA BÁSICA DE HARINA CON HUEVOS

(para tallarines, cintas)

Ingredientes: 3 huevos. 300 g de harina

Preparación:

Disponer sobre una tabla o mesa de madera la harina en forma de corona.

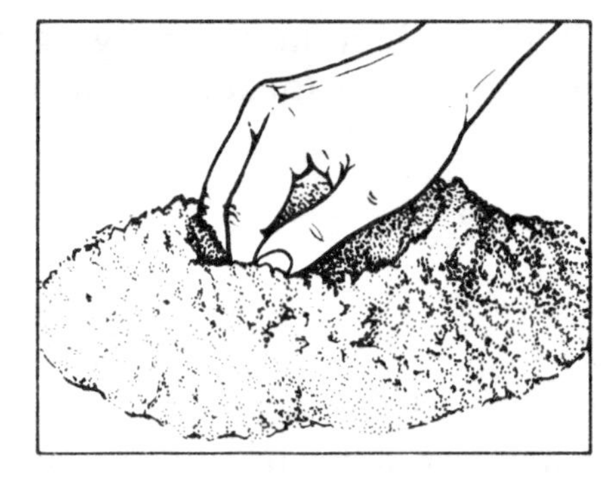

Cascar los huevos uno a uno en el centro de la corona de harina.

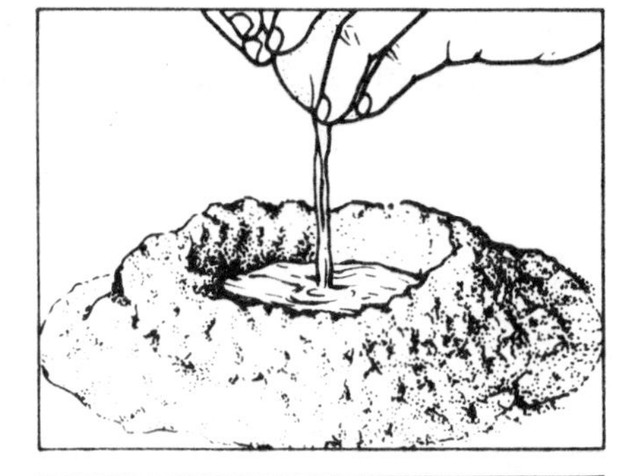

Con pequeño batidor o tenedor, batir los huevos hasta que las yemas y claras queden bien mezcladas.

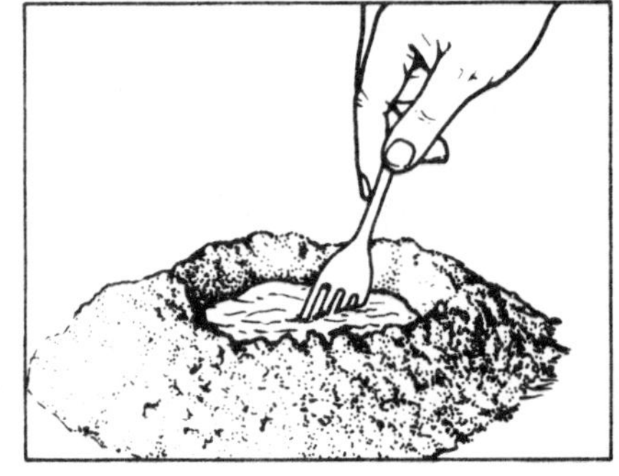

Con el tenedor o paleta pequeña que se utiliza para el amasado, tratar de ir tomando la harina de la corona hasta formar la masa. En esta operación, cuidar que los huevos no escapen a través de la corona de harina. Formar la masa.

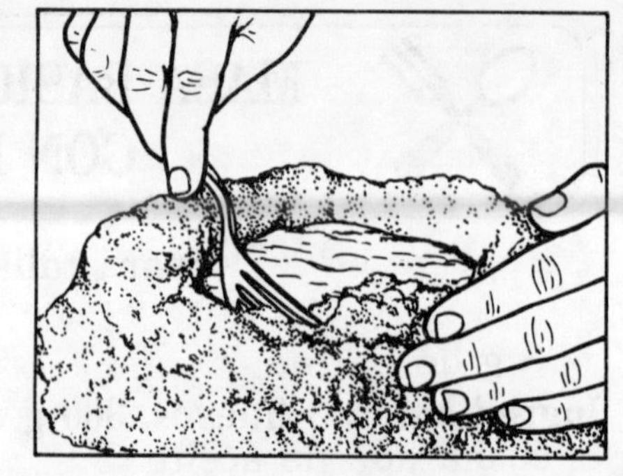

Trabajar bien la masa, agregando la menor cantidad de harina.

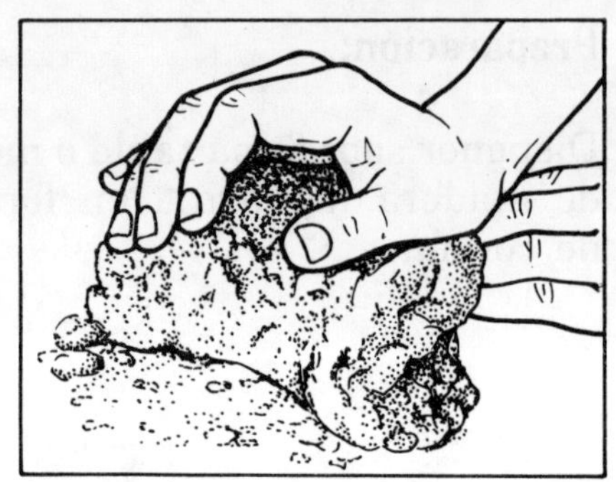

La masa debe quedar húmeda, pero no pegajosa. Envolver la masa en un material antiadherente.

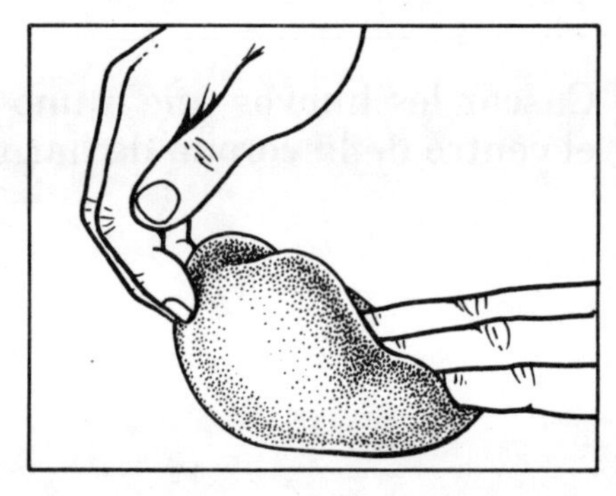

Quitar los pedazos de masa que quedaron en la mesa o tabla. Quitar el material antiadherente a la masa, comenzar a amasar.

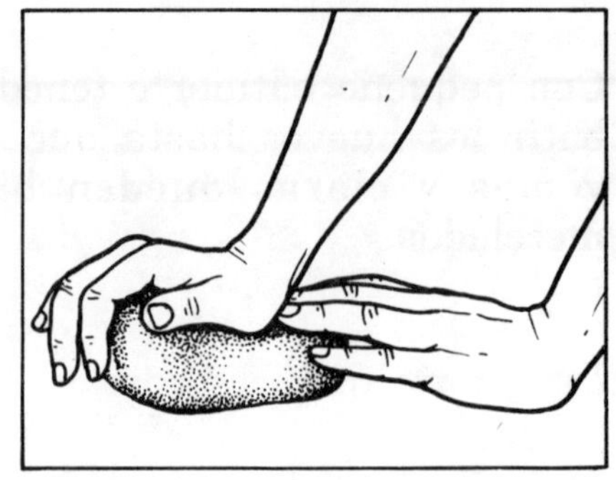

MASA PARA CANELONES

Ingredientes:

500 g de harina
2 huevos
1 cucharada de aceite
1 cucharadita de sal fina
agua, cantidad necesaria

Preparación:

Disponer en forma de corona la harina tamizada; colocar en el centro los huevos, el agua, el aceite y la sal; unir. Formar la masa y amasarla bien. Con el palote, estirarla fina y cortar cuadrados de 10 a 12 cm de lado.
Cocinarlos en abundante agua hirviendo, colocando de a uno por vez, luego escurrirlo y pasar por agua fría.
Colocarlos sobre la mesa donde se habrá espolvoreado con bastante queso rallado.

Nota: Si el recipiente es grande, pueden cocinarse de 3 a 5 por vez.

MASAS DE COLOR

A menos que la receta indique las cantidades de puré que se incluyen en la masa, por ejemplo de tomate, morrones, zanahorias, etc., lo ideal es lo siguiente:

De tomate: por cada huevo, agregar 1 cucharada de puré de tomate (bien colmada). Mezclar con los huevos batidos en el

centro hasta que queden bien unidos y recién comenzar a incorporar la harina.
De zanahoria: igual que la de tomate.
De remolacha: igual que la de tomate.
Masa verde: por cada huevo utilizar 150 gramos de espinacas frescas procesadas y 80 gramos de espinacas congeladas. Éstas se sumergen en agua caliente con sal, luego escurrir, estrujar bien dentro de un paño y procesar. Mezclar con la masa después de los huevos.

Masa con tinta de calamar: A la masa básica se le agrega tinta de calamar.

MASA PARA FIDEOS CON HARINA INTEGRAL

(4 porciones)

Ingredientes:

200 g de harina integral superfina
150 g de harina de sémola (de grano duro)
1 cucharada de sal
1 huevo
agua tibia, cantidad necesaria

Preparación:

Mezclar las dos harinas y poner sobre la tabla; en el centro, colocar la sal y el agua tibia en cantidad necesaria para formar una masa liviana, ahora se hace otro hueco en la masa y se echa el huevo, volviendo a amasar y agregando un poco de harina integral para que la masa sea blanda. Dejar descansar tapada durante 10 minutos.
Con el palote hacer una lámina fina y sin agujeritos. Doblarla

en dos, volver a extenderla y repetir la operación ocho veces consecutivas, hasta que la pasta quede fina.
Cortar la lámina para la pasta deseada: fideos, tallarines, etc.

Nota: Se puede estirar todas las veces que indica la receta con las máquinas caseras para pastas.

MASA DE LOS ÑOQUIS DE KETTY

Ingredientes:

1 kg de papas
sal, pimienta, nuez moscada
2 cucharadas de manteca
2 huevos
2 cucharadas de queso rallado
250 g de harina leudante o un poco más si hiciera falta

Preparación:

Lavar bien las papas y hervirlas con cáscara; ya listas, pelarlas y pisarlas, o pasarlas por prensapapa, para obtener un puré, salpimentar y agregar un poco de nuez moscada.
Agregar a la papa aún caliente, la manteca, los huevos y el queso rallado. Unir y dejar enfriar.
Colocar la harina en forma de corona sobre la tabla o mesa, en el centro colocar el puré y unirle la harina hasta formar la masa. Dividirla en bollos pequeños, hacerlos rodar formando tiras cilíndricas. Espolvorear con harina y cortar los ñoquis del tamaño de una avellana, darles su forma característica hundiendo suavemente un tenedor o el aparatito de hacer ñoquis.
Hervirlos en abundante agua y sal; cuando suben a la superficie ya están listos. Se pueden servir con diversas salsas o tuco.
Les recomiendo muy especialmente la salsa de pollo.

MASA PARA ORECCHIETTE

(orejitas)

Ingredientes:

½ kg de harina
2 cucharadas de aceite
1 pizca de sal
1 huevo
agua, cantidad necesaria

Preparación:

Tamizar la harina y colocar sobre la mesa o tabla en forma de corona y agregar los demás ingredientes, amasar bien alternando con el agua hasta formar una masa un poco blanda. Amasar hasta que se vea que la masa forme ampollitas. Dejar descansar en el mismo lugar cubriéndola con un lienzo durante 30 minutos.
Luego tomar pequeñas porciones de masa y con la palma de las manos y sobre la mesa enharinada formar listones como para hacer ñoquis. Cortar trocitos de 2 centímetros y con el costado del dedo índice presionando sobre la mesa se estiran quedando finos y cerrados, tomar la masa y abrirlos para arriba formando como una orejita. Dejar orear 30 minutos.
Hervirlos en abundante agua con sal, escurrirlos y servir con manteca y queso rallado o salsa a elección.

MASA PARA RAVIOLES

Ingredientes:

700 g de harina
3 huevos
2 cucharadas de sal
2 cucharadas de aceite
agua, cantidad necesaria

Preparación:

Tamizar la harina y colocar en la mesa en forma de corona, en el centro los huevos, la sal, el aceite, apenas un poquito de agua. Amasar todo, formar la masa de regular consistencia y trabajarla muy bien sobre la mesa hasta que forme globitos. Dejar descansar durante 20 minutos tapada con un tazón o mantelito.

Procedimiento para elaborar los ravioles: Cortar la masa en 4 partes, estirarla dejándola bien fina.
Colocar sobre un papel blanco espolvoreado con harina, extender la mitad del relleno, espolvorear sobre el relleno con un poco de harina y cubrir con la segunda masa previamente estirada. Espolvorear la masa con harina, marcar los ravioles con el cuadrado especial y cortar con la ruedita.
Proceder en la misma forma con la masa y relleno restante.
Cocinar en bastante agua hirviendo con sal gruesa y dejar que hiervan lentamente para que no se abran; cuando ya estén a punto escurrirlos y servirlos con la salsa que se haya elegido.

Nota: Esta masa es apta para ravioles de carne, verdura, ricota o pollo.

MASA DE TALLARINES AL PURO HUEVO

(8 porciones)

Ingredientes:

600 g de harina común
6 huevos a temperatura ambiente
2 cucharadas de aceite
1 cucharadita de sal

Preparación:

Colocar sobre la tabla o mesa la harina en forma de corona, en el centro los huevos, el aceite y la sal, un poquito de agua, mezclar los ingredientes del centro y unirlos, amasar muy bien hasta que haga globitos (no debe pegarse en las manos).
Para facilitar el amasado conviene dividir la masa en 3 o 4 partes y amasar cada una de ellas por separado. Dejar descansar envuelta en film o polietileno durante 30 minutos.
Para hacer tallarines, estirar cada parte de la masa en forma rectangular.
Dejar reposar 20 minutos para que pierda el exceso de humedad. Espolvorear con harina, arrollar en forma encontrada. Con un cuchillo filoso cortar los tallarines del ancho deseado, tirar de las puntas y colocarlas sobre papel manteca o fuente espolvoreada con harina.
Para que los tallarines no se peguen espolvorearlos con harina y luego, al cocinarlos, quitarles el exceso de harina.

Nota: La masa de los tallarines puede realizarse en batidora eléctrica; también se puede estirar y cortar los tallarines en las máquinas especiales de pastas caseras para familias.

Cocción: En un recipiente grande colocar el agua con sal. Calcular 8 partes de agua por 1 de pasta. Cuando suelte el hervor, colocar los tallarines, moverlos ligeramente, mantener el agua en ebullición durante la cocción. Cuando se noten "al dente" escurrirlos.
Colarlos moviendo el colador para escurrirlos muy bien. Si han tenido demasiada harina en su superficie, enjuagarlos con agua bien caliente para evitar que se enfríen.
Colocarlos sobre fuente precalentada, cubrirlos con la salsa deseada.

Tallarines verdes

Mezclar con los huevos 6 cucharadas colmadas de puré de espinacas que se hace de la siguiente manera: lavar bien las espinacas, quitarle los tronquitos, retorcerlas en un lienzo y procesarlas (recordar lo que se indica en pastas de color: por cada huevo va una cucharada de puré de espinacas).

Tallarines rosados

En idéntica forma que los tallarines verdes, se calcula igual, 1 cucharada de puré de morrones o de tomate por cada huevo.

MASA DE TALLARINES VERDES

Ingredientes:

600 g de harina común
6 huevos a temperatura ambiente
2 cucharadas de aceite
1 ½ cucharadita de sal
6 cucharadas de espinaca cruda (sin los troncos, procesada y estrujada en un lienzo).

Preparación:

Colocar sobre la tabla o mesa la harina en forma de corona, en el centro los huevos, el aceite, la sal, la espinaca, mezclar los ingredientes del centro y unirlos, tomar de a poco la harina del contorno, formar la masa, amasarla muy bien hasta que forme globitos; debe resultar húmeda pero no pegajosa. Para el amasado conviene dividir la masa en 3 o 4 partes y amasar cada una de ellas por separado. Dejar descansar durante 30 minutos envuelta en polietileno. Estirar la masa o cada trozo. Dejar reposar la masa estirada durante 20 minutos para que pierda el exceso de humedad.
Espolvorear con harina. Arrollar en forma encontrada. Con un cuchillo filoso cortar los tallarines del ancho deseado, tirar de las puntas y colocarlos sobre papel manteca o fuente espolvoreada con harina.

Nota: La masa de los tallarines verdes puede realizarse en batidora eléctrica y también cortar los tallarines en las máquinas especiales de pastas caseras.
La cocción de los tallarines verdes se realiza en la misma forma que los tallarines al puro huevo.

Las pastas de este libro

AGNOLOTTI

(8 a 10 porciones)

Ingredientes:

Masa:
500 g de harina
sal a gusto
2 huevos
2 yemas
½ pocillo de agua

Relleno:
1 kg de ricota fresca (debe ser bien armadita)
250 g de queso parmesano rallado
sal, pimienta y nuez moscada
2 huevos
100 g de nueces picadas algo gruesas
2 cucharadas de perejil picado
1 cucharadita de estragón molido

Preparación:

Masa: Disponer la harina en forma de corona. En el centro colocar los huevos, las yemas y la mitad del agua; mezclar con la punta de los dedos y comenzar a incorporar la harina, añadiendo el resto del agua. Tomar la masa, amasarla muy bien, sobarla hasta que no se pegue en las manos. Dejarla descansar durante 30 minutos, luego cortar porciones y estirarlas más bien finas.

Relleno: Mezclar la ricota con el queso, condimentar con sal, pimienta y nuez moscada y agregar los huevos, las nueces, el perejil y el estragón.

Armado: Extender la masa estirada, colocar el relleno, cubrir con otra capa de masa y con ayuda de una regla apretar bien la masa y marcar cuadrados de 6 centímetros de lado. Dejar orear 15 minutos. Pasar la ruedita de cortar ravioles por las marcas, formando los agnolotti. Cocinarlos en abundante agua con sal.
Cuando la pasta suba a la superficie y el relleno se trasluzca, están "al dente".

Nota: Son ideales a la manteca, a la crema, con salsa fileto o con tuco.
Siempre se espolvorean con abundante queso rallado.

BUCATINI O SPAGHETTI ALLA MATRICIANA

Ingredientes:

500 g de bucatini o spaghetti
4 litros de agua
1 cucharada de sal gruesa

Salsa:
2 cucharadas de manteca
2 cebollas chicas finamente picadas
1 tajada de panceta ahumada cortada de un centímetro de ancho y luego en tiritas angostas
4 tomates grandes pelados y cortados en trozos grandes más su jugo
1 cucharadita (tamaño café) de ají picante
sal

Varios:
½ taza de queso parmesano
½ taza de queso pecorino rallado

Preparación:

Salsa: En una cacerola o sartén, derretir la mitad de la manteca, incorporar la cebolla hasta que se dore. Agregar la panceta ahumada y cocinar hasta que se dore, agregar los tomates, el ají y la sal. Cocinar a fuego suave hasta que la salsa se haya reducido; retirar.

Cocción: Mientras tanto, poner a hervir el agua con la sal, echar la pasta, revolver hasta que quede sumergida, a los 8 minutos de la cocción, antes de que la pasta esté "al dente", cuando falte medio minuto, colarla y pasar a la fuente en que se va a servir. Agregar la salsa, la manteca restante y los dos tipos de quesos. Mezclar todo bien, cubrir el recipiente y esperar 2 minutos antes de servir.

CANELONES DE CARNE

Ingredientes:

Masa:
ver receta de masa de canelones o utilizar tapas precocidas de canelones compradas, ya traen el queso rallado
Salsa Bechamel (ver salsas)

Relleno:
80 g de manteca
1 cebolla finamente picada
500 g de carne picada de roast-beef o nalga
250 g de tomates o 1 lata de tomates perita picados
sal, pimienta, nuez moscada
150 g de mortadela picada
1 yema
250 g de ricota
250 g de queso parmesano rallado

Preparación:

Colocar en una sartén grande la manteca, cuando esté bien caliente agregar la cebolla picada, rehogarla y agregar la carne picada; darle varias vueltas con cuchara de madera, cuando cambie de color, echar los tomates y cocinar hasta que se hayan consumido, calcular 30 minutos; agregar sal, pimienta y nuez moscada. Cuando la carne esté fría agregarle la mortadela, la yema y la ricota, mezclar todo perfectamente.
Agregar al relleno 5 a 6 cucharadas de salsa Bechamel, mezclando bien. Distribuir una capa de relleno sobre cada tapa de canelón, enrollarlo.
En el fondo de una fuente de horno y mesa colocar salsa Bechamel. Ubicar los canelones alineados uno al lado de otro, sin encimarlos. Es preferible disponerlos en dos fuentes. Cubrir con salsa Bechamel (no debe resultar muy espesa).
Espolvorear con queso rallado y llevar al horno caliente (ponerlos en la parte alta) hasta que se gratinen apenas. Se gratinan fácilmente si encima del queso se rocía con manteca derretida (1 o 2 cucharadas).

Nota: Estos canelones son una especialidad de Lombardía.

CANELONES DE HUMITA

Ingredientes:

Masa:
ver receta de masa de canelones o utilizar tapas para canelones precocidas compradas

Relleno:
50 g de manteca
1 cebolla finamente picada

1 ají picado
4 tomates perita picados
1 lata de crema de choclo
2 cucharadas de harina
leche, cantidad necesaria
sal, pimienta y nuez moscada
2 yemas
queso rallado, cantidad necesaria
pan rallado, cantidad necesaria

Cubierta:
salsa blanca liviana
manteca derretida
queso rallado

Preparación:

Relleno: Rehogar en manteca la cebolla finamente picada, el ají y los tomates; agregar la crema de choclo, revolver continuamente y a fuego muy suave, incorporar la harina y la leche si fuera necesario. Condimentar con sal, pimienta y nuez moscada; retirar del fuego y agregarle a esta preparación las yemas y el queso rallado. Si se notara floja, espesar la preparación con algunas cucharadas de pan rallado. Utilizar frío.

Cocción: Hacer los canelones, alinearlos en una fuente de horno y mesa enmantecada. Cubrirlos con salsa blanca liviana, espolvorear con queso rallado y rociar con manteca derretida, gratinar. Si se desea, acompañar con una salsa liviana de tomate.

CANELONES DE PANQUEQUES

Ingredientes:

Panqueques:
2 tazas de harina
2 tazas de leche
2 huevos
30 g de manteca derretida
1 cucharadita de sal fina

Relleno:
humita u otro relleno a elección

Preparación:

Preparar la pasta en la licuadora o en un bol y antes de utilizarla dejarla reposar 1 hora. Realizar los panqueques en la forma corriente.
En lo posible cada vez que se realiza un panqueque batir la preparación.
Rellenar los panqueques y colocarlos en una fuente de horno y mesa enmantecada y colocarlos uno al lado del otro (sin encimar) hasta completar la fuente.
Cubrir con salsa blanca, rociar con manteca derretida, espolvorear con queso rallado. Gratinar. Si se desea con salsa de tomate liviana o tuco se le pone al sacar del horno.
Servir bien caliente.

CANELONES A LA ROSSINI

(6 a 8 porciones)

Ingredientes:

Masa:
½ kg de harina
2 huevos
agua y sal

Relleno:
1 cebolla grande
1 pocillo de aceite
1 taza de salsa blanca bien espesa
150 g de jamón cocido
1 lata de jamón del diablo
1 lata de paté de foie
5 cucharadas de queso rallado
2 huevos enteros
sal, pimienta y nuez moscada a gusto

Cubierta:
salsa blanca liviana
queso rallado
manteca derretida

Preparación:

Masa: Poner la harina en la mesa en forma de corona, en el centro los huevos y la sal y agua suficiente como para hacer una masa ni blanda ni dura. Estirar lo más fina posible (4 a 5 mm) y cortar cuadrados de 8 centímetros de lado que se cocinan en agua hirviendo y sal. Una vez a punto, se sacan de a uno con la ayuda de una espumadera y se ponen sobre un lienzo previamente espolvoreado con pan rallado o queso rallado. Rellenar y acomodar en una fuente de horno. Cubrir con la salsa blanca, espolvorear con abundante queso rallado, rociar con manteca derretida y llevar a horno a gratinar.

Relleno: Picar finamente la cebolla y poner a freír en aceite; cuando va a tomar color, retirar del fuego. En un bol poner salsa blanca bien espesa, la cebolla frita, el jamón cocido finamente picado, el paté, el jamón del diablo, los huevos, el queso rallado, sal, pimienta y nuez moscada a gusto. Mezclar muy bien todos los ingredientes y rellenar los canelones.

Nota: Las tapas para canelones se pueden comprar listas en casas de pastas, ya hervidas y cubiertas de queso rallado. Se compra la cantidad necesaria, según la fuente y la cantidad de relleno de que se disponga y, por supuesto, el número de comensales.

CAPPELLETTI EN CALDO

Ingredientes:

ver receta de cappelletti de pollo y jamón
3 yemas
4 cucharadas de queso rallado
1 cucharada de perejil picado
2 o 3 litros de caldo de gallina

Preparación:

Batir muy bien las yemas con el queso rallado, agregar el perejil, seguir batiendo e ir agregando de a poco ½ litro de caldo bien caliente. Cocinar los cappelletti en el caldo de gallina restante y servir con la preparación de las yemas. Espolvorear con queso rallado por encima.

Nota: Este plato se sirve en platos hondos o soperitas. Si se desea, espolvorear con pimienta recién molida.

CAPPELLETTI DE POLLO Y JAMÓN

Ingredientes:

Masa:
500 g de harina
2 huevos
sal, cantidad necesaria
2 cucharadas de aceite
agua, cantidad necesaria

Relleno:
1 cebolla
50 g de manteca
2 pechugas de pollo
200 g de jamón cocido finamente picado o procesado
3 cucharadas de queso rallado
2 yemas
1 cucharada de perejil
2 cucharadas de pan rallado
sal, pimienta y nuez moscada

Preparación:

Masa: Disponer en forma de corona la harina tamizada y en el centro colocar los huevos, la sal, el aceite y el agua necesaria para formar la masa. Amasar muy bien.

Relleno: Dorar en manteca la cebolla finamente picada. Cortar el pollo en tiritas y rehogarlas, agregar el jamón, el queso rallado, las yemas, el perejil, pan rallado y condimentar muy bien. Retirar del fuego, dejar enfriar y procesar.

Armado y cocción: Estirar la masa muy fina, cortar los cappelletti con un cortapasta redondo y chico, colocar en el centro el relleno, apretar los bordes y unir los extremos, darle forma de cappelletti.
Cocinar en agua hirviendo con sal, hasta que estén a punto, escurrirlos y servirlos con tuco o salsa a elección. Espolvorearlos con queso rallado.

CARACOLES GRANDES CON SALSA DE ROMERO A LA CREMA

Ingredientes:

500 g de caracoles grandes (fideos)

Salsa:
50 g de manteca o margarina
250 g de salchichas de cerdo
1 cucharada al ras de romero fresco
1 kg de tomates perita pelados, picados, sin semilla y cortados en daditos pequeños
½ pocillo de agua
ají molido, sal y pimienta
½ pote de crema de leche
perejil picado

Varios:
queso parmesano rallado

Preparación:

Hervir los caracoles en 4 litros de agua con una cucharada de sal gruesa. Retirarlos "al dente".

Salsa: En una sartén calentar la manteca, agregar la salchicha cortada en trocitos y cocinar; mezclarla hasta que se dore. Agregar el romero, los tomates y el agua. Cocinar a fuego suave contando 5 minutos a partir de la ebullición. Agregar el ají molido, salpimentar a gusto. Incorporar la crema de leche y el perejil, mezclar la salsa con los caracoles y espolvorear con abundante queso rallado.

CARACOLITOS O MOÑITOS AL OLIO

(4 porciones)

Ingredientes:

600 g de caracolitos o moñitos (pastas secas)
10 cucharadas de aceite de oliva
4 dientes de ajo cortados en finas láminas
½ guindilla (ají picante)
1 cucharada de albahaca fresca picada
½ taza de perejil finamente picado

Preparación:

Colocar en una cacerola el aceite, los ajos, la guindilla. Revolver unos instantes e incorporar la albahaca. Mezclar.
Hervir la pasta, retirar "al dente". Colarla; volverla a la cacerola y echarle por encima la preparación. Mezclar y servir en fuente o en platos. Salpicar con perejil picado.

Nota: Este plato no se sirve con queso rallado.

CELENTANI O CAVATAPPI ALLA BOSCAIOLA

Ingredientes:

500 g de celentani o cavatappi o farfalle o fusilli
50 g de hongos secos
250 cm^3 de agua tibia
½ pocillo de aceite de oliva
2 dientes de ajo picados
1 cucharadita de perejil picado
1 lata de tomates perita
sal, pimienta

Varios:
30 g de manteca derretida
queso parmesano rallado

Preparación:

Remojar los hongos con el agua tibia, durante 30 minutos. Escurrirlos y cortarlos en trozos grandes. Reservar el agua del remojo.
En una sartén grande colocar el aceite a fuego mediano, rehogar los ajos hasta que comiencen a cambiar de color, agregar el perejil. Agregar los hongos, el agua filtrada de los hongos (¾ de taza) y cocinar hasta que el agua se reduzca. Agregar los tomates, sazonar con sal y pimienta. Cocinar hasta que se note una salsita espesa y de buen aspecto.
Hervir la pasta "al dente", retirarla y mezclar en la sartén con la salsa, agregar los 30 g de manteca derretida y el queso rallado. Servir.

CONCHIGLIE CON SALSA DE TOMATE Y SALCHICHAS

Ingredientes:

350 g de salchichas de cerdo (en un solo pedazo)
½ kg de conchiglie
4 litros de agua con sal gruesa
2 cucharadas de manteca
1 cucharada de aceite de oliva
1 cucharadita de estragón
1 cucharadita de romero
750 g de tomates perita pelados, sin semillas y cortados en pequeños cubitos
sal
un poco de ají molido
½ pote de crema de leche
¼ de taza de perejil picado
queso de cabra rallado o parmesano rallado

Preparación:

Colocar en una cacerola el agua, llevar al fuego, cuando esté caliente, colocar la salchicha, bajar el fuego y cocinar 1 ½ minuto. Retirar, dejar enfriar y cortar en rodajitas.
Hervir los conchiglie en agua con sal, cuando estén "al dente", retirarlos y colarlos.
En una sartén colocar la manteca y el aceite, cuando estén calientes agregar la salchicha y cocinar hasta que esté ligeramente dorada, agregar el estragón, el romero, los tomates y ½ pocillo de agua. Cocinar a fuego suave 8 minutos; agregar la sal y el ají molido. Echar la crema en la sartén; mezclar, espolvorear el perejil picado y agregar el queso rallado, mezclar.
Servir la pasta caliente y encima la salsa.

ENSALADA DE MACARRONCITOS FRUTAL

Ingredientes:

200 g de macarroncitos cocidos “al dente” colados y refrescados
1 ananá pequeño
1 melón chico
1 manzana verde
100 g de uvas blancas
100 g de mayonesa
jugo de una naranja
1 cucharada de jugo de limón
1 cucharada de azúcar
sal y pimienta

Preparación:

Cortar por la mitad el ananá y el melón, ahuecarlos y cortar la pulpa de ambos lados en cubitos. Pelar y cortar la manzana en cubitos.
Mezclar en una ensaladera los fideos hervidos y refrescados, con las pulpas del melón y el ananá, la manzana, el jugo de naranja y las uvas blancas.
Batir la mayonesa con limón, sal, azúcar y aderezar con esta preparación.

Nota: Esta ensalada se puede servir en el melón o el ananá ahuecados.

ENSALADA NEW YORK

(6 porciones)

Ingredientes:

400 g de hélices tricolores (cocidos "al dente")
3 cucharadas de aceite de oliva
100 g de panceta ahumada cortada en tiritas
3 rodajas de pan lactal cortadas en cubitos pequeños
50 g de jamón cocido cortado en tajadas de ½ cm de espesor y en cubitos
2 rodajas de salame de Milán cortado grueso en tiritas
150 g de queso gruyere cortado en tiritas
100 g de pickles cortados grandecitos
sal y pimienta recién molida

Preparación:

Cocinar las hélices "al dente", escurrirlas, pasarlas por agua fría y escurrirlas bien.
Colocar el aceite en una sartén, calentar, rehogar la panceta ahumada, agregar los pancitos, mezclar y cuando se noten de buen color, retirar.
Colocar en una ensaladera las hélices, echarles por encima los pancitos y la panceta, mezclar. Volcar en la ensaladera los ingredientes restantes. Salpimentar, rociar con un hilo fino de aceite de oliva.
Decorar la ensalada con alguna flor de rabanito.

ENSALADA DE PENNE RIGATI TRICOLORES

Ingredientes:

300 g de penne rigati tricolores
250 g de camarones grandes
50 g de aceitunas negras descarozadas
100 g de champiñones al natural
100 g de queso gruyere cortado en cubitos
1 ají verde cortado en juliana
4 pepinitos en vinagre cortados en rodajitas
sal, pimienta
aceite de oliva
jugo de limón
hojas de lechuga de manteca o francesa
2 huevos duros cortados en cuartos

Preparación:

En un bol colocar los penne rigati cocidos, escurridos y fríos. Agregar los camarones (se reservan algunos para decorar), las aceitunas negras, los champiñones cortados en láminas, el queso gruyere, el ají y los pepinitos. Mezclar bien, condimentar con sal y pimienta y agregar el aceite de oliva y el jugo de limón. Tapizar una ensaladera con las hojas de lechuga, volcar encima la ensalada. Decorar con los cuartos de huevo duro y los camarones reservados.

FARFALLE CON SALMÓN AHUMADO

Ingredientes:

500 g de farfalle
2 ajíes rojos
4 dientes de ajo pelados
300 g de filetes de salmón ahumado
¼ litro de crema de leche
sal, pimienta negra
3 cucharadas de albahaca fresca cortada en tiritas

Preparación:

Asar los ajíes, quitarles la piel y las semillas. Procesarlos con los dientes de ajo.
En una sartén colocar esta pasta de ajíes, los filetes de salmón cortaditos, agregar la crema, la pimienta negra y cocinar hasta que la crema se haya reducido a la mitad. Incorporar la albahaca y retirar del fuego.
Colocar en una cacerola 4 litros de agua con 1 cucharada de sal, echar la pasta de una vez, revolviendo bien. Cuando estén cocidos "al dente", colar y mezclar con la salsa, agregar queso rallado. Servir bien caliente.

Nota: Este plato puede hacerse con otro tipo de pasta: rigatoni, caracolitos, penne, fusilli.

FETTUCINE ALL'ALFREDO

Ingredientes:

500 g de fettucine
50 g de manteca
¼ litro de crema de leche
nuez moscada a gusto
sal, pimienta negra
queso parmesano rallado, aproximadamente 60 gramos

Preparación:

Poner en una sartén la manteca y la crema a fuego moderado, revolver constantemente hasta que la crema se haya reducido un poco, incorporar la nuez moscada rallada, un poco de sal y pimienta recién molida. Retirar la sartén del fuego y reservar. Colocar en una cacerola 4 litros de agua y una cucharada de sal, poner a hervir y cuando el agua entre en ebullición agregar una cucharada de sal y revolver muy bien, echar la pasta. Cuando esté cocida "al dente", colar y agregarla a la sartén junto con la salsa.
Incorporar el queso rallado, mezclar nuevamente todo muy bien. Servir caliente.

Nota: Se puede remplazar los fettucine por tagliatelle.

FETTUCINE A LAS HIERBAS

(4 porciones)

Ingredientes:

250 g de fettucine
200 g de ricota
2 cucharadas de aceite de oliva
½ pocillo de hojitas de albahaca picadas
½ pocillo de perejil picado
1 cucharadita de estragón francés
sal
pimienta verde o negra recién molida

Preparación:

Cocinar en agua salada los fettucine, retirarlos "al dente" y servirlos con la salsa siguiente.
Pisar la ricota, agregar el aceite de oliva, la albahaca, el perejil, el estragón francés, sal y pimienta, mezclar bien. Agregar 6 cucharadas de agua hirviendo para aligerar la ricota.
Mezclar con los fideos calientes y servirlos en platos o fuentes precalentados.

Nota: Son riquísimos espolvoreados con queso de cabra rallado.

FETTUCINE O TAGLIATELLE A LA CREMA CON VEGETALES

Ingredientes:

½ kg de fettucine o tagliatelle
50 g de manteca
1 cebolla grande picada
3 ramitas de apio cortaditos en trozos
3 zanahorias raspadas cortadas en cubitos
2 zuchini cortados en tiras de 1 ½ centímetro y luego en cubitos
1 pimiento rojo cortado en cubitos
sal, pimienta negra
8 puntas de espárragos previamente cocidos
250 cm^3 de crema de leche
queso parmesano rallado
perejil picado

Preparación:

Colocar en una sartén grande la manteca, calentarla, rehogar la cebolla; cuando esté transparente, agregar el apio, la zanahoria, los zuchini, mezclar, saltear otro minuto. Colocar el ají, sal, pimienta, las puntas de espárragos. Cocinar unos minutos más, salpimentar.
Cocinar los fettucine hasta que estén "al dente", colar y escurrir bien. Volcarlos en la sartén con las verduras y echar por encima la crema, cocinar unos instantes.
Luego, colocar sobre una fuente precalentada, y espolvorear con abundante queso rallado.

FIDEOS ARROLLADOS

Ingredientes:

Masa:
400 g de harina o más si hiciera falta
2 huevos
sal a gusto
1 cucharada de aceite
agua, cantidad necesaria

Relleno:
3 paquetes de acelga chicos
agua y sal
6 cebollas de verdeo
30 g de manteca o margarina
1 cucharada de perejil picado
500 g de ricota
sal, pimienta y nuez moscada a gusto
1 taza de queso rallado
1 huevo

Preparación:

Masa: Disponer la harina en forma de corona; en el centro colocar los huevos, la sal, el aceite, tomar los ingredientes e incorporar la harina a medida que se agrega agua tibia, hasta formar una masa de regular consistencia que no se pegue en las manos; dividirla en dos bollos. Amasar bien cada bollo y dejar descansar por lo menos 30 minutos tapados. Estirarlos bien finos sobre lienzo enharinado; se puede hacer en la máquina de estirar pastas caseras, de inmediato colocarlos sobre lienzos espolvoreados con harina.

Relleno: Cocinar las hojas de acelga en agua y sal o al vapor, escurrirlas muy bien y picarlas. Limpiar las cebollas, picarlas muy finas, rehogarlas en la manteca, agregar la acelga y el perejil, cocinar durante 2 o 3 minutos, retirar del fuego, mezclar con la ricota y condimentar con sal, pimienta y nuez moscada; añadir el queso y el huevo, mezclar bien y extender sobre la masa y alisar.

Armado y cocción: Ayudándose con el lienzo, arrollar la masa y el relleno; colocar el rollo resultante sobre el lienzo. Atar como si fuera un matambre, pero algo más flojo. Proceder de esta manera con las dos partes de la masa.
Cocinar en agua hirviendo con sal durante 40 a 50 minutos, luego escurrir, quitar el lienzo y cortar en rodajas, acomodar en una fuente y cubrir con una salsa de tomate natural o la que se prefiera.
Servir calientes espolvoreados con queso rallado.

FUSILLI A LA PUTANESCA

Ingredientes:

500 g de fusilli
4 litros de agua
sal gruesa
100 cm^3 de aceite de oliva
8 filetes de anchoas picados
2 dientes de ajo picados finos
500 g de tomates perita pelados y cortados en trozos grandes
sal
2 ramitas de orégano fresco desmenuzado
3 cucharadas de alcaparras
12 aceitunas negras descarozadas cortadas en rodajitas

Preparación:

En una cazuela o sartén colocar el aceite, las anchoas y cocinar

sobre fuego suave, revolviendo con cuchara de madera unos minutos; agregar el ajo, dejar sobre el fuego unos instantes y agregar de inmediato los tomates y un poco de sal.
Cuando la salsa levante el hervor, bajar el fuego y cocinar unos 30 a 40 minutos hasta que la salsa se note reducida. Antes de utilizarla agregar el orégano, las alcaparras y las aceitunas.
Cocinar los fusilli hasta que estén "al dente", retirarlos, colarlos, mezclar con la salsa en la sartén, dejar sobre fuego suave unos instantes, corregir el sazonamiento.

Nota: Se puede hacer este plato con spaghetti o spaghettini.

GUIUVETSI

(Plato típico griego de pasta con corderito)

Ingredientes:

50 g de manteca o margarina
1 kg de carne de cordero (pierna o paleta) cortado en trocitos de 4 cm de lado aproximadamente
sal, pimienta
2 cucharadas de conserva de tomate o ½ kg de tomates frescos
1 ramita de romero fresco o 1 cucharadita de romero seco
8 tazas de caldo de carne
3 tazas de macarroncitos o mostacholes
50 g de manteca caliente

Preparación:

En una cacerola o sartén de horno calentar la manteca, y dorar ligeramente la carne de cordero, luego salpimentarla.
Agregar los tomates o la conserva disuelta y el romero.
Cocinar con olla tapada a fuego suave durante media hora (hasta que la salsa se reduzca).

También puede cocinarse media hora en horno de temperatura moderada, pero en este caso con la olla destapada.
En cualquiera de los casos (sobre el fuego o al horno) echarle el agua o caldo caliente. Cuando el caldo suelte el hervor, añadir la pasta y mezclarla bien con la carne.
Seguir la cocción sobre fuego suave con olla tapada o al horno con la olla destapada.
Cuando la pasta esté cocida y absorba el líquido, rociarla con manteca derretida oscura (dejarla quemar hasta un color caramelo claro).
Servir con abundante queso rallado.

Nota: Se puede realizar con otra carne que no sea cordero. Por ejemplo, carne del roast beef.

KREPLAJ

(Pasta de la cocina judía)

Ingredientes:

Masa:
2 huevos
1 taza de agua
3 ½ a 4 tazas de harina
sal a gusto

Relleno:
2 tazas de queso blanco
2 huevos
una pizca de sal
½ taza de pan rallado
¼ de taza de crema de leche

Varios:
caldo hirviendo

Preparación:

Masa: Tamizar la harina con la sal y formar una corona sobre la mesa.
Poner los huevos y el agua en el hueco. Mezclar éstos, tomar la harina de alrededor y trabajar la masa obtenida hasta que quede homogénea y tierna. Estirarla finamente y dejarla orear.

Relleno: Mezclar el queso blanco, los huevos, agregar sal, pan rallado, crema de leche, unir todo bien y formar una pasta homogénea.
Cortar la masa en cuadrados, distribuir el relleno, doblarlos por la diagonal para obtener un triángulo.
Cocinar los kreplaj en caldo hirviendo.
Servirlos calientes con el caldo o escurridos.
Acompañan generalmente platos de carne.

Nota: Pueden prepararse dulces, en este caso agregar al relleno una cucharadita de azúcar vainillada.
Se los sirve colados con 1 taza de crema de leche calentada y además con canela y una cucharada de azúcar.
Esta salsa se espesa con 3 cucharaditas (tamaño café) de fécula de maíz disuelta en ½ pocillo de leche fría.

LASAÑAS ALEJANDRA

Ingredientes:

Panqueques:
1 huevo
1 cucharada de harina

3 cucharadas de harina 0000
una pizca de sal
1 taza de leche fría

Relleno 1:
½ pocillo de aceite
½ ají rojo picado
½ cebolla finamente picada
2 tazas de espinaca o acelga y espinaca mezcladas, hervidas, exprimidas y picadas
2 cucharadas de salsa blanca
2 cucharadas de queso rallado
sal, pimienta y nuez moscada

Relleno 2:
½ pocillo de aceite
½ cebolla picada
½ ají rojo picado
½ kg de zanahorias peladas, hervidas, procesadas o finamente picadas
2 cucharadas de salsa blanca
sal, pimienta y nuez moscada

Relleno 3:
½ kg de ricota
2 yemas
sal, pimienta y nuez moscada

Varios:
salsa blanca preparada con ½ litro de leche
30 g de manteca y bien condimentada
queso rallado, cantidad necesaria
manteca derretida, cantidad necesaria
salsa de tomate a gusto

Preparación:

Preparar los panqueques en la forma habitual con los ingredientes mencionados.

Spaghetti con frutos de mar

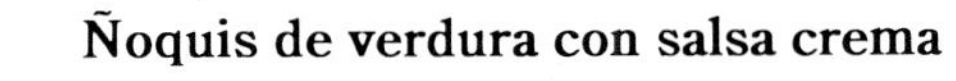

Ñoquis de verdura con salsa crema

Tortelloni con salsa de tomate a la manteca

Tallarines rellenos con salsa

Tallarines negros (con tinta de calamares)

Timbal de macarrones

Pasticcio

Macarrones con salsa griega

Conchiglie con salsa de tomate y salchichas

Ensalada de penne rigati tricolores

Malfati

Raviolini

Canelones a la Rossini

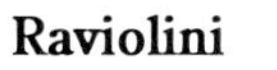

Fettucine a la crema con vegetales

Relleno 1 (abajo): Rehogar en el aceite el ají y la cebolla picados, añadir la verdura, rehogar unos instantes y luego agregar los demás ingredientes.

Relleno 2 (medio): Rehogar en el aceite la cebolla y el ají picados, cuando estén apenas dorados, agregar las zanahorias, mezclar, retirar e incorporar los ingredientes restantes.

Relleno 3 (arriba): En un bol pisar la ricota y añadir los ingredientes restantes.

Armado: Colocar en el fondo de una fuente honda de horno y mesa un poco de salsa blanca, disponer una capa de 3 a 4 panqueques; sobre éstos acomodar el relleno 1, luego otra capa de panqueques, a continuación distribuir el relleno 2, otra capa de 3 a 4 panqueques y por último volcar el relleno 3 de ricota y otra capa de panqueques.
Para la mejor terminación de la fuente, deberán partirse por la mitad. Extender encima una capa de salsa blanca, espolvorear con queso rallado, rociar con manteca derretida, gratinar y al sacar del horno rociar con salsa de tomate.

LASAÑAS ARGENTINAS

Ingredientes:

500 g de fideos cintas argentinas, también llamadas papardelle
2 cucharadas de queso rallado

Relleno:
½ pocillo de aceite
750 g de carne picada del roast beef
1 cucharada de ajo y perejil picados
200 g de queso fresco

Salsa:
½ pocillo de aceite
1 cebolla picada
1 ají rojo picado
1 lata de tomates
½ copa de vino blanco
sal, pimienta, orégano

Preparación:

Hervir las cintas argentinas en abundante agua con sal. Cuando están "al dente" colarlas y mezclar con el queso rallado.

Relleno: En una cacerola o sartén, calentar el aceite, rehogar la carne con el ají y el perejil. Salpimentar.

Salsa: Calentar el aceite, rehogar la cebolla y el ají, incorporar los tomates picados, el vino blanco, sal, pimienta y orégano, dejar cocinar durante 10 minutos a fuego mínimo.

Armado: Enmantecar una fuente de horno y mesa, colocar en el fondo un poco de salsa de tomate, encima disponer la mitad de las cintas argentinas, sobre éstas el relleno de carne, emparejar bien y salpicar con trocitos de queso fresco.
Colocar nuevamente otra camada de cintas, cubrir con la salsa restante, espolvorear con queso rallado y gratinar en horno caliente durante 20 minutos.

LASAÑAS CON BERENJENAS

Ingredientes:

1 paquete de fideos lasañas o tapas para canelones prelistas
6 berenjenas
50 g de manteca

3 tomates
150 g de jamón cocido picado
sal y pimienta a gusto
1 cucharada de perejil picado
3 huevos batidos
queso rallado, cantidad necesaria
manteca derretida, cantidad necesaria

Preparación:

Lavar las berenjenas muy bien y colocarlas en agua hirviendo durante 10 minutos. Pelarlas con cuchillo y procesarlas.
Rehogar en manteca los tomates finamente picados, incorporar el jamón, las berenjenas, condimentar muy bien y, por último, agregar el perejil picado. Retirar del fuego y a esta preparación agregar los huevos batidos y mezclar.
Hervir las lasañas y escurrirlas.
En la fuente enmantecada disponer una capa de lasañas, espolvorearlas con queso rallado; encima colocar una capa de la preparación de berenjenas, luego otra de lasañas y así sucesivamente hasta terminar con una capa de berenjenas.
Salpicar con queso rallado y rociar con manteca derretida. Llevar a horno caliente durante 20 minutos.

Nota: Las lasañas se pueden remplazar por tapas de canelones que se compran ya precocidas. La cantidad depende de la fuente que se va a usar.

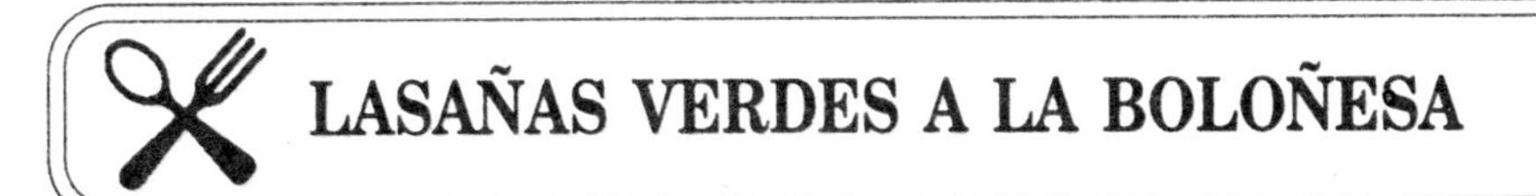

LASAÑAS VERDES A LA BOLOÑESA

Ingredientes:

30 a 36 tapas para lasañas verdes (de espinaca) o más si la fuente lo requiere

Relleno:
5 cucharadas soperas de aceite de oliva
80 g de manteca
8 cucharadas de cebolla finamente picada
2 zanahorias limpias cortadas en pequeñísimos cubitos
4 cucharadas de blanco de apio en pequeñísimos cubitos
500 g de carne picada gruesa (sin grasa)
sal
30 cm^3 de vino blanco seco
120 cm^3 de leche entera
nuez moscada recién molida
500 g de tomates pelados en trozos grandes con su jugo (puede ser de lata)
manteca cortada en trocitos
queso parmesano rallado, cantidad necesaria

Salsa Bechamel:
90 g de manteca
6 cucharadas al ras de harina
750 cm^3 de leche caliente
sal, pimienta negra o blanca recién molida
nuez moscada

Preparación:

Relleno: Colocar en una sartén o cazuela el aceite y un poco más de la mitad de la manteca y la cebolla; en fuego fuerte saltear la cebolla hasta que se dore. Agregar la zanahoria y el apio y continuar mezclando hasta que cambien de color. Incorporar la carne, separándola con una cuchara de madera. Espolvorear con sal y cocinar revolviendo hasta que la carne cambie el color. Verter el vino y la leche y cocinar revolviendo hasta que la mayor parte de la leche y el vino se hayan evaporado. Agregar los tomates, revolver con olla destapada por lo menos 2 horas, revolviendo continuamente.

Salsa Bechamel: Derretir la manteca en una cacerola, agregarle la harina, mezclar vigorosamente e ir echando la leche caliente (hacerlo de a poco) mientras se revuelve hasta que espese; condimentar con sal, pimienta y nuez moscada.

Armado: Tomar una fuente de horno y colocar en el fondo salsa Bechamel. Disponer encima una camada de tapas para lasañas algo encimadas. Mezclar el resto de la Bechamel con la salsa de carne. Distribuir sobre la pasta. Seguir colocando tapas verdes y por encima nuevamente la carne mezclada con la salsa. Seguir repitiendo las capas en la forma descripta hasta lograr 5 capas, la última tendrá que ser una delgada de salsa. Espolvorear con queso rallado, y por encima trocitos de manteca.
Hornear en la parte alta del horno durante 15 a 20 minutos. Retirar del horno y dejar reposar 10 minutos antes de servir.

LASAÑAS MIAMI

Ingredientes:

Tapas para canelones cocidas (se compran ya hervidas y pasadas por queso rallado)

Relleno:
½ pocillo de aceite de oliva
1 cebolla finamente picada
2 dientes de ajo picados
1 cucharadita de estragón francés
300 g de ostras o vieiras cortadas en 2 trozos
300 g de camarones chicos o grandes cortados en 2 o 3 trozos
sal, pimienta
1 cucharada de perejil picado

Salsa Bechamel:
½ litro de leche caliente
50 g de manteca
50 g de harina
sal, pimienta y nuez moscada

Preparación:

Relleno: Colocar en una sartén el aceite de oliva, calentarlo, rehogar la cebolla, cuando tome color agregar los ajos y el estragón; mezclar, subir el fuego, echar las ostras, dejar sobre el fuego 10 minutos, luego agregar los camarones, salpimentar, espolvorear con perejil. Escurrir en colador la preparación, no debe quedar con el líquido.

Salsa Bechamel: ver receta de *Lasañas a la boloñesa.*
Untar una fuente de horno y mesa con esta salsa Bechamel; reservar algo para la última capa, el resto mezclarlo con la preparación de ostras y camarones.

Armado: Armar la fuente de lasañas, por capas, poniendo entre las capas la mezcla y tapas de canelones, por lo menos hacer 4 capas, la última debe ser una capa de tapas de canelones.
Cubrir la última capa con salsa Bechamel.
Colocar la fuente en la parte superior del horno. Hornear 20 a 25 minutos. Retirar del horno y dejar reposar unos 15 minutos antes de servir. Salpicar al sacar del horno con perejil picado.

Nota: Si la salsa Bechamel para cubrir la fuente se espesa, aligerarla con leche caliente.

MIS LASAÑAS PREFERIDAS

(6 a 8 porciones)

Ingredientes:

30 a 34 tapas de canelones de espinaca verdes (ya cocidas) o 30 a 34 tapas de canelones de pasta común ya cocidas (se venden en las fábricas de pastas)

4 atados de espinaca cocida y exprimida
1 atado de acelga hervida, exprimida y picada (sin los troncos)
½ kg de ricota fresca
100 g de jamón cocido
200 g de queso rallado
1 cucharada de orégano
2 cucharadas de pan rallado
1 taza de salsa blanca espesa
sal, pimienta y nuez moscada
salsa de tomate (ver al final de esta receta)
4 huevos batidos
400 g de queso fresco cortado en láminas

Varios:
salsa Bechamel (ver receta en *Salsas*)
queso rallado, cantidad necesaria
50 g de manteca derretida

Preparación:

Relleno: En un bol mezclar la verdura (espinaca y acelga; puede ser también esa cantidad de una sola clase de verdura) con la ricota, el jamón picado, el queso rallado, el orégano y el pan rallado y la salsa blanca espesa, salpimentar.
Tener lista la salsa de tomate. Batir los huevos y salpimentarlos ligeramente.
Tomar una fuente de horno, enmantecarla ligeramente, volcar un poco de salsa de tomate, cubrir bien el fondo.
Disponer encima una camada de tapas de canelones apenitas encimadas unas con otras.
Colocar una capa de la mezcla de verduras, sobre la masa una capa de trocitos de queso fresco espaciados. Rociar con salsa de tomate. Colocar por encima huevo batido, espolvorear con queso rallado; sobre todo esto colocar otra capa de tapas de canelones, también encimándolas un poco. Repetir las capas en el orden anterior.
Colocar por último una capa de tapas para canelones. Extender la salsa blanca, espolvorear con queso rallado y rociar con manteca derretida.

Gratinar en horno caliente hasta que se noten en la superficie burbujitas doradas. Se puede cubrir, si se desea, con un poco de salsa de tomate.

Salsa de tomate: 1 kilo de tomates frescos y maduros pelados, sin semillas, cortados en trozos o 2 latas de tomates perita enteros cortados en trozos grandes con su jugo, 100 gramos de manteca y 1 cebolla pelada y cortada al medio, sal. Colocar en una sartén todos los ingredientes, cocinar a fuego suave durante 30 minutos, hasta que los tomates se hayan reducido y separado de la manteca, agregar sal. Sacar las mitades de cebolla.

Nota: Si se preparan con varias horas de anticipación, se dejan enfriar y luego se calientan nuevamente, resultan muy apetitosas al servirlas. Para recalentar, calentar el horno al máximo, cubrir la fuente con papel de aluminio, apagar el horno y dejarlas allí 10 a 12 minutos. Se pueden recalentar en microondas en fuente de material apto para ese fin.

LINGUINE ALL'ARRABBIATA

Ingredientes:

500 g de linguine
4 litros de agua
sal gruesa

Salsa:
8 cucharadas de aceite de oliva
3 dientes de ajo
1 tajada de panceta ahumada de 6 mm de espesor cortada en tiritas
½ kg de tomates perita pelados cortados en trozos grandes y con su jugo

1 ají picante (guindilla) o ¼ de cucharadita de ají chile molido
2 o 3 ramitas de orégano fresco
sal a gusto

Varios:
8 a 10 hojas de albahaca cortadas a mano
½ taza de queso pecorino rallado

Preparación:

En una cacerola con abundante agua (4 litros y 1 cucharada de sal) cocinar los linguine. Cuando estén cocidos "al dente", colarlos y mezclarlos con la salsa que estará en una cazuela amplia o en una sartén. Agregar el queso rallado y salpicar con las hojitas de albahaca.

Salsa: Colocar en una cazuela o sartén el aceite sobre fuego vivo, saltear los ajos, sin dejarlos quemar. Agregar las tiras de panceta y cocinar hasta que la panceta se dore. Incorporar los tomates, el ají picante, las ramitas de orégano y un poco de sal. Cuando la salsa se note reducida, retirarla.
Nota: Este plato puede realizarse también con penne o spaghetti.

MACARRONES CON CAMARONES

Ingredientes:

400 g de macarrones cocidos "al dente"

Salsa:
4 cucharadas de manteca
2 cucharadas de cebolla picada

2 cucharadas de harina
2 tazas de leche
1 taza de queso rallado
1 cucharadita de salsa inglesa
1 cucharadita de jugo de limón
3 tazas de camarones
sal, pimienta

Varios:
pan rallado
queso rallado

Preparación:

Calentar en sartén la manteca, rehogar la cebolla y mezclarle la harina removiendo hasta que esté bien unida. Añadir la leche, la taza de queso rallado, la salsa inglesa, el jugo de limón, los camarones y los condimentos; remover hasta que quede uniforme.
Enmantecar una fuente de horno y mesa. Colocar una camada de macarrones, echarle por encima la salsa, espolvorear con pan y queso rallados.
Cocinar en horno moderado durante 45 minutos.

MACARRONES CON SALSA GRIEGA

Ingredientes:

500 g de macarrones
50 g de manteca

Albondiguitas:
400 g de bola de lomo picada
100 g de miga de pan remojada en leche y exprimida
3 cebollas medianas finamente picadas

2 cucharadas de manteca
1 huevo
sal, pimienta y nuez moscada a gusto
1 tomate pelado y picado
1 cucharadita de vinagre
1 cucharada de perejil picado
1 cucharadita de menta picada

Varios:
harina, cantidad necesaria
aceite para freír

Salsa:
3 tazas de tomate pelados y picados
1 cebolla finamente picada
½ cucharadita de azúcar
1 hoja de laurel
1 cucharada de conserva de tomate disuelta en caldo o agua caliente
1 ½ cucharada de harina
4 cucharadas de manteca derretida

Preparación:

Albóndigas: Mezclar en un bol la carne con la miga de pan bien picada. Rehogar las cebollas en manteca hasta que estén transparentes, dejar enfriar e incorporar a la carne y adicionar el huevo y los demás ingredientes en el orden indicado. Trabajar la preparación con las manos un largo rato y luego dejar reposar ½ hora.
Formar bolitas de unos 4 cm de diámetro y pasarlas por harina. Freírlas en abundante aceite caliente, escurrirlas sobre papel absorbente.
Preparar la salsa e introducir las albondiguitas y dejar que tome varios hervores.

Salsa: Hervir durante 20 minutos los tomates con la cebolla, el azúcar, el laurel y la conserva disuelta en una taza de caldo o agua caliente, mezclar una cucharada de harina con 3 cuchara-

das de manteca derretida e incorporar esta mezcla al puré de tomates, mientras se sigue revolviendo con cuchara de madera sobre fuego suave durante 5 minutos.
Salpimentar a gusto.
Esta salsa resulta deliciosa con 1 o 2 clavos de olor.

Cómo servir la pasta: Cuando se cuela la pasta, colocar en la cacerola la manteca, calentarla, echarle la pasta que se cocinó y revolver apenas. Servir la pasta en fuente precalentada. Cubrir por encima con las albóndigas con su salsa. Espolvorear con abundante queso rallado.

Nota: También puede hacerse con spaghetti, fusilli o tagliatelle.

MALFATI

Ingredientes:

500 g de espinacas o acelgas tiernas
100 g de manteca
100 g de harina
150 g de ricota
100 g de queso rallado
sal, pimienta y nuez moscada

Preparación:

Lavar las verduras quitándoles la parte del tronquito.
Calentar la manteca en una cacerola y saltear con la verdura, retirar, colar, exprimir y picar bien.
Mezclar con los demás ingredientes y formar pequeñas bolitas.
Apoyarlas sobre una placa enharinada. Poner a hervir abundante agua con sal y una cucharada de aceite; cuando suelte el

hervor, echar las bolitas y cuando suban a la superficie, sacarlas con una espumadera.
Colocar en una fuente espolvoreada con queso rallado. Echar encima la salsa deseada, volver a espolvorear con queso rallado.

Nota: También son deliciosos rociados con manteca derretida y espolvoreados con queso parmesano o de cabra.
Salsas que pueden acompañar los malfati: tuco, boloñesa, fileto, de tomates con manteca (ver *Las salsas más sabrosas*).

ÑOQUIS ALEMANES

(8 porciones)

Ingredientes:

20 g de levadura de cerveza
1 cucharadita de azúcar
8 cucharadas de agua tibia
1 huevo
1 yema
1 kg de papas hervidas
6 cucharadas de queso rallado
sal, pimienta y nuez moscada
250 g a 300 g de harina común
20 ciruelas negras pasas
100 g de panceta ahumada

Varios:
400 cm^3 de crema de leche
sal, pimienta, nuez moscada
queso rallado para espolvorear

Preparación:

Colocar la levadura con el azúcar y el agua tibia en un recipiente y batir con cuchara de madera hasta que la levadura esté bien disuelta.
También puede hacerse en batidora. A medida que se bate, agregar el huevo, las papas hervidas y pisadas (no dejarle grumos), el queso, condimentar con sal, pimienta y nuez moscada. Incorporar la harina y formar una masa tierna, bien sobada y rebajada, pero que no se pegue en las manos.
Cortar en pedazos, darle forma cilíndrica gruesita y cortar porciones del tamaño de una nuez, aplanarlas ligeramente y colocar en el centro de cada una de ellas un trocito de ciruela negra y trocitos de panceta ahumada picada.
Cerrar el ñoqui, envolviendo bien el relleno; dejar en lugar tibio, hasta que aumenten su volumen.
Cocinarlos con abundante agua con sal. Se echan cuando el agua suelta el hervor. Cuando suben a la superficie cocinarlos 3 o 4 minutos, escurrirlos con una espumadera, salsearlos con crema de leche caliente condimentada con sal, pimienta y nuez moscada. Espolvorearlos con queso rallado.

ÑOQUIS DE CALABAZA

Ingredientes:

1 kg de calabaza con cáscara, cortada por la mitad
¾ de taza de fécula de papa o de fécula de maíz
2 tazas de sémola muy fina
sal, pimienta y nuez moscada

Varios:
100 g de manteca derretida
queso parmesano rallado

Preparación:

Limpiar la calabaza de todas las semillas y filamentos. Colocarla en una fuente de horno con agua con la cáscara hacia arriba. Cocinar 20 a 25 minutos hasta que la calabaza esté tierna. Retirar la pulpa y pisarla dentro de un bol (no se debe procesar ni licuar, porque resulta líquida). Agregarle sal, pimienta y nuez moscada. Incorporar la fécula de papa y la sémola. Mezclar, dejar reposar por lo menos media hora. Sobre mesa enharinada hacer cilindros de esta pasta, cortarlos en pequeñas porciones y darles forma de ñoquis con un tenedor o el aparato especial. Colocarlos en una fuente espolvoreada con harina.
En una cacerola grande poner a calentar agua y sal. De no tener, hacerlo en 2 cacerolas. Cuando el agua esté caliente, echar los ñoquis. Cuando suben a la superficie, cocinarlos 5 minutos más. Colarlos. Distribuirlos en platos o fuentes. Rociarlos con la manteca derretida y espolvorearlos con abundante queso parmesano rallado.

Nota: También se los puede cubrir con una salsa blanca liviana, con crema de leche, y, por supuesto, espolvoreados con queso rallado.

ÑOQUIS A MI ESTILO

Ingredientes:

a) Ñoquis comunes:
350 g de papas hechas puré
350 g de harina
1 cucharada de manteca
1 huevo
3 cucharadas de queso rallado
sal, pimienta y nuez moscada

b) Ñoquis de morrones:
350 g de papas hechas puré
350 g de harina
1 cucharada de manteca
3 cucharadas de queso rallado
1 morrón grande cocido, pelado y procesado
1 huevo
sal, pimienta y nuez moscada

c) Ñoquis de espinaca:
350 g de papas hechas puré
350 g de harina
3 cucharadas de queso rallado
150 g de espinacas sancochadas muy bien, escurridas y pisadas
1 huevo
sal, pimienta y nuez moscada

Salsa a lo Miguel Ángel (para los ñoquis comunes):
4 cucharadas de aceite de oliva
1 cebolla picada finamente
1 diente de ajo
100 g de carne de nalga picada
1 lata de tomate al natural con ajo
½ vaso de vino blanco dulzón
sal, pimienta y orégano

Salsa rosada (para los ñoquis de morrones):
1 pote de crema de leche
1 cucharadita de fécula de maíz
1 pocillo de queso rallado
1 cucharada de ketchup

Salsa de espinacas (para los ñoquis de espinaca):
1 pote de crema de leche
1 cucharadita de fécula de maíz
½ taza de espinaca cocida al vapor o hervida
sal, pimienta

Preparación:

Masa: Hervir poco más de 1 kilo de papas (ya peladas), cuando estén a punto, retirarlas y pisarlas muy bien, obteniendo un puré sin grumos. Dividir el puré para hacer las tres variantes de ñoquis como se indica a continuación.
Para los ñoquis comunes agregar al puré de papas los ingredientes indicados en el grupo a). Formar la masa, luego los rollitos para hacer los ñoquis en la forma corriente.
Para hacer los ñoquis de morrones, agregar al otro montoncito de puré los ingredientes indicados en b). Hacer la masa, luego los rollitos y con éstos los ñoquis de morrones.
Para el último grupo, agregar al puré de papas los ingredientes indicados en c). Formar la masa, luego los rollitos y hacer los ñoquis en la forma corriente.

Cocción: Cada tipo de ñoquis se hierve en agua y sal por separado. Cuando estén a punto, colarlos y servir en cada plato montoncitos de tres gustos.
Sobre los ñoquis comunes colocar salsa a lo Miguel; sobre los de morrones, la salsa rosada, y sobre los ñoquis de espinaca, la salsa de espinaca. En idéntica forma se servirán los platos restantes.
Las salsas hay que prepararlas con anticipación

Salsa a lo Miguel Ángel: En una sartén calentar el aceite y rehogar una cebolla finamente picada junto con el diente de ajo, agregar la carne picada, mezclar con cuchara de madera, incorporar el tomate, el vino blanco, sal, pimienta y cocinar a fuego suave hasta que la salsa se reduzca; al retirar espolvorear con orégano.

Salsa rosada: Colocar en una ollita todos los ingredientes, mezclarlos y llevar sobre fuego hasta que la crema espese, verificar el sazonamiento.

Salsa de espinacas: Colocar en una ollita la crema previamente licuada con las espinacas muy bien exprimidas y picadas, el queso rallado, disolver la fécula en poquita agua o leche y colocar en la olla. Mezclar sobre fuego con cuchara de madera hasta que espese.

ÑOQUIS DE MORRONES CON SALSA SCARPARO

Ingredientes:

Ñoquis:
250 g de harina leudante, un poco más si hiciera falta
1 kg de papas
sal, pimienta y nuez moscada
2 cucharadas de manteca
2 huevos
2 cucharadas de queso rallado
2 ajíes grandes asados, pelados y procesados o 1 latita de morrones al natural, procesados y escurridos

Salsa:
6 cucharadas de aceite
3 dientes de ajo picados
3 cebollas de verdeo picadas
1 ¼ kg de tomates frescos pelados y picados
1 taza de queso reggianito o provolone rallado
½ vaso de vino blanco
albahaca
sal, pimienta
un puñado de perejil picado

Preparación:

Ñoquis: Hacer los ñoquis siguiendo las instrucciones de los "ñoquis de Ketty", la única diferencia es el agregado de morrones procesados en su composición.
Los ñoquis se cocinan en la forma corriente.
Colarlos, servirlos en fuente precalentada o platos, cubrirlos con la salsa scarparo que se prepara de antemano.

Salsa: Dorar en el aceite el ajo y las cebollas de verdeo picadas, luego agregar el tomate. Cocinar durante 15 minutos, incorporar el vino y al final la albahaca, los condimentos y el perejil picado. Al apagar el fuego dejar 5 minutos más, agregar el queso y mezclar todo bien.

ÑOQUIS A LA PARISIEN

Ingredientes:

½ litro de agua
120 g de manteca
sal a gusto
300 g de harina
3 cucharadas de queso rallado
pimienta y nuez moscada a gusto
5 huevos
½ kg de papas cocidas hechas puré

Preparación:

Poner en una cacerola el agua con la manteca y la sal, retirar la cacerola cuando la manteca y el agua sueltan hervor; agregar de golpe la harina, revolviendo continuamente con cuchara de madera para evitar que se agrume.
Llevar nuevamente la cacerola a fuego muy suave, dejar cocinar 10 minutos, revolviendo siempre con espátula de madera. Retirar, añadir el queso rallado, pimienta y nuez moscada y luego los huevos de uno por vez, batir entre cada uno hasta obtener una preparación bien consistente.
Añadir las papas tamizadas, mezclar bien, colocar la preparación en manga con boquilla lisa de 1 cm de abertura.
En una cacerola con agua hirviendo y sal echar los ñoquis, apretando la manga y cortados con un cuchillo a medida que la preparación sale de la manga.
Cocinar 10 minutos aproximadamente y cuando suben a la

superficie, sacarlos con una espumadera, escurrirlos y servirlos con salsa blanca o con crema, bien gratinados.

ÑOQUIS DE SÉMOLA A LA ROMANA

(6 porciones)

Ingredientes:

1 litro de leche
4 cucharadas de manteca
sal
1 pizca de mostaza en polvo
1 cucharadita llena de pimienta y nuez moscada
200 g de sémola
1 huevo batido
queso parmesano rallado

Preparación:

Poner a hervir la leche con la manteca, la sal y la mostaza; durante la ebullición añadir la sémola en forma de lluvia, batir vigorosamente con cuchara de madera, revolver constantemente mientras se le agrega pimienta y nuez moscada.
Cuando la sémola esté cocida y la preparación consistente, añadir el huevo batido y el queso rallado. Batir muy bien para que todos los ingredientes estén unidos perfectamente.
Extender la mezcla sobre una chapa enmantecada, dejarla de 2 cm de espesor. Dejar enfriar, formar los ñoquis, cortarlos con un cortapasta de 4 centímetros de diámetro, pasarlos por queso rallado.
Colocarlos en una fuente de horno y mesa.
Rociar con manteca derretida y gratinar en horno caliente.

ÑOQUIS DE VERDURA

Ingredientes:

Masa:
1 kg de papas
1 cucharada de manteca
2 huevos batidos
4 cucharadas de queso rallado
1 taza de espinacas cocidas al vapor, procesadas y exprimidas al máximo, dentro de un lienzo
sal, pimienta y nuez moscada
350 g de harina (o más si hiciera falta)

Salsa:
1 pote de crema de leche
sal, pimienta y nuez moscada
1 copita de jerez
1 cucharadita de fécula de maíz
2 cucharadas de queso gruyere

Preparación:

Pelar las papas y hervirlas en agua con sal; si son grandes, cortarlas por la mitad. Cuando estén cocidas, colarlas y pasarlas por prensapapa. Colocar en un bol, agregar la manteca, los huevos batidos, el queso rallado, la espinaca muy escurrida; condimentar con sal, pimienta y nuez moscada.
Mezclar la harina tamizada e ir formando la masa; si hiciera falta, agregar un poco más de la harina indicada.
La masa no debe pegarse en las manos ni debe resultar dura. Dejarla descansar tapada aproximadamente 20 minutos.
Tomar porciones de masa, formar cilindros de ½ centímetro de grosor, cortar los ñoquis y hacerlos a mano con un tenedor o con el aparato especial.

Hervirlos en abundante agua con sal gruesa y 1 cucharada de aceite; cuando suban a la superficie colarlos, servirlos con manteca derretida y queso parmesano rallado o con salsa a elección, son particularmente sabrosos con la salsa crema que sigue.

Salsa: Colocar en una cacerola la crema de leche con sal, pimienta, nuez moscada y el jerez. Dejar que tome varios hervores, espesar con una cucharadita al ras de fécula de maíz disuelta en agua. Agregar el queso gruyere rallado, mezclar sobre el fuego, retirar y cubrir los ñoquis.

ORECCHIETTE (OREJITAS) ZINGARELLA

Ingredientes:

½ kg de orecchiette secos

Salsa:
6 cucharadas de aceite de oliva
3 cebollas medianas cortadas en aros
1 vaso de vino blanco seco
½ kg de tomates pelados y picados
3 zanahorias tiernas chicas peladas y cortadas en rodajitas
2 morrones grandes cortados en cuadraditos
12 ramitas de brócoli
½ taza de perejil seco
2 ramitas de orégano

Preparación:

Colocar el aceite en una sartén, agregar la cebolla, cuando está transparente incorporar el vaso de vino blanco, los tomates, las

zanahorias, los morrones cortados en cuadraditos y los brócoli. Tapar la sartén y cocinar 20 minutos.
Mientras tanto, hervir en agua y sal gruesa los orecchiette, cuando estén "al dente" escurrirlos y mezclarlos con la salsa. Se pueden servir en una sola fuente o en platos individuales. Salpicar con perejil picado y orégano fresco.

PANSOTI

Ingredientes:

Masa:
ver masa de tortelloni

Relleno:
½ kg de ricota
1 yema
sal, pimienta y nuez moscada
Hierbas frescas picadas finamente (salvia, romero, estragón, orégano, tomillo) convertidas a polvo

Salsa:
pesto con nueces (ver *Las salsas más sabrosas*)

Varios:
queso rallado

Preparación:

Dividir la masa en varias porciones, estirarla, dejarla fina y cortar cuadrados de 5 por 5 cm. Colocar en el centro de cada cuadrado de masa 1 cucharadita colmada de relleno, pincelar el contorno con agua y unir los vértices opuestos formando así una empanadita triangular.

Alrededor del relleno apretar con el canto de la mano para sellar.
Hervir en la forma corriente, retirar “al dente”, escurrirlos y servirlos con pesto de nueces y abundante queso rallado o queso de cabra rallado (pecorino).

Relleno: mezclar todos los ingredientes.

Nota: Los pansotis pueden realizarse con masa de pascualina rectangular siguiendo las instrucciones anteriores.

PASTICCIO

Ingredientes:

250 g de mostacholes o forati
30 g de manteca

Crema:
3 huevos
1 pocillo de crema de leche
1 taza de queso rallado
sal, pimienta, nuez moscada

Relleno:
50 g de manteca
4 cucharadas de aceite
1 cebolla finamente picada
400 g de carne picada de roast beef o nalga
4 tomates pelados y picados
1 vaso de vino blanco seco
1 cucharada de conserva de tomate

½ taza de agua caliente
sal, pimienta
1 clara
3 cucharadas de pan rallado

Cubierta - salsa:
50 g de manteca
50 g de harina
½ litro de leche hirviendo
sal, pimienta y nuez moscada

Varios:
queso parmesano rallado
20 g de manteca derretida

Preparación:

En una cacerola colocar agua, cuando suelta el hervor agregarle 1 cucharada de sal, colocar la pasta, cocinar "al dente". Colar y rehogarla en la misma cacerola en que se cocinó con los 30 gramos de manteca derretida que habrán tomado un color dorado.

Crema: En un bol batir los huevos, mezclar la crema de leche, el queso rallado, sal, pimienta y nuez moscada. Agregar al bol la pasta y mezclar nuevamente.
Disponer los fideos en una fuente de 45 x 25 centímetros enmantecada y espolvoreada con pan rallado. Colocar por encima el relleno.

Relleno: En una cacerola colocar la manteca y el aceite, calentar, rehogar la cebolla, cuando tome color dorado, agregar la carne, mezclar con cuchara de madera, cuando la carne cambie de color incorporar los tomates, el vino blanco, la conserva, agua caliente, sal, pimienta y cocinar con olla destapada durante 8 minutos, luego tapar y cocinar 40 minutos.
Retirar del fuego, mezclarle la clara, revolver activamente y colocar por último el pan rallado. Verificar el sazonamiento.

Cubierta: Por último, colocarle la cubierta de salsa blanca que se prepara en la forma corriente. Espolvorear con queso rallado y rociar con manteca derretida. Gratinar en horno caliente.

Nota: El pasticcio es un plato que se puede preparar el día anterior hasta la mitad de su cocción y por último terminar de cocinarlo.

PASTIELO

Ingredientes:

½ kg de spaghetti
agua y sal
1 kg de ricota fresca
12 huevos
6 yemas
500 g de azúcar
1 cucharadita de canela
ralladura de 1 limón
1 cucharadita de clavo de olor molido
esencia de vainilla a gusto
1 ½ taza de fruta abrillantada (la que se usa para el pan dulce)
chocolate rallado

Preparación:

Hervir los fideos en agua y sal hasta que se noten a punto. Retirarlos, escurrirlos y dejarlos enfriar.
Pisar la ricota hasta que se note muy cremosa. Batir los huevos con las yemas y el azúcar. Mezclar en un bol con la ricota, añadir la canela, la ralladura de limón, el clavo de olor, la esencia de vainilla y la fruta abrillantada.
En un recipiente grande mezclar los fideos con la ricota y con la mezcla de huevos y las especias. Verter la preparación en

una asadera rectangular de unos 45 x 30 a 35 cm enmantecada. Cocinar a horno moderado hasta que la preparación esté firme y consistente. Cuando se enfría espolvorear con chocolate rallado.

Nota: Este postre italiano admite en su preparación 4 barritas de chocolate rallado.

PENNE RIGATI CON BRÓCOLI

Ingredientes:

1 paquete de brócoli congelados o frescos
pocillo de aceite de oliva
150 g de longaniza cortada en rodajas y éstas a su vez por la mitad.
1 diente de ajo cortado en láminas
1 ramita de orégano fresco
sal, pimienta
500 g de penne rigati

Preparación:

Echar los brócoli en una cacerola con agua hirviendo. Cocinar 5 minutos, luego colarlos, separar en ramitas pequeñas y desechar los tronquitos duros, escurrir sobre un lienzo para secar bien.
En una sartén colocar el aceite, rehogar la longaniza y el ajo, mezclar con cuchara de madera, agregar los brócoli, la ramita de orégano, salpimentar.
Cocinar los penne en agua y sal y retirarlos "al dente". Servirlos en plato o fuente. Por encima echarles la salsa de brócoli.

PIROGUIS

(8 a 10 porciones)

Ingredientes:

Masa:
1 kg de papas peladas
1 cucharada de manteca
2 huevos
3 cucharadas de queso rallado
350 g de harina o un poco más, si hiciera falta
pimienta y nuez moscada

Relleno:
½ kg de ricota
1 pocillo de queso rallado
nueces molidas
2 cucharadas de salsa

Salsa:
50 g de manteca
250 g de panceta ahumada picada
6 a 8 cebollitas de verdeo sin lo verde
sal y pimienta

Para rociar:
2 potes de crema de leche (400 cm^3)

Preparación:

Masa: Hervir las papas en agua y sal; cuando estén cocidas pasarlas por prensapapas. Colocar en un bol, agregar la manteca, los huevos y el queso rallado; condimentar con sal y pimienta.

Mezclar la harina tamizada, agregar más si hiciera falta, formar la masa y dejar descansar tapada durante 30 minutos.
Transcurrido ese tiempo hacer los piroguis así: tomar pequeñas porciones de masa, darles forma de bolitas y aplastar formando pequeños medallones

Relleno: Pisar la ricota, agregarle el queso rallado, las nueces y 2 cucharadas de la salsa siguiente.

Salsa: Calentar la manteca, incorporar la panceta ahumada picada y la cebolla de verdeo, rehogar todo junto hasta que la cebolla tome buen color, salpimentar.

Armado: Colocar el relleno en el centro del medallón, humedecer el contorno con la punta del dedo con huevo batido, cerrar como una pequeña empanadita. Hervirlos en abundante agua y sal: cuando suben a la superficie, ya están listos.
Escurrir, ponerlos en fuente precalentada, cubrir con la salsa y finalmente rociarlos con la crema de leche caliente. Si se desea, espolvorear con queso rallado.

RAVIOLES DE CARNE

Ingredientes:

Masa:
ver masa para ravioles

Relleno:
1 cucharada de manteca
3 cucharadas de aceite
1 cebolla finamente picada
500 g de carne de ternera (nalga, riñonada o cuadril) picada 2 veces por la máquina
¼ kg de salchicha

½ vaso de vino blanco seco
2 tomates pelados picados
3 huevos
sal, pimienta y nuez moscada a gusto
1 cucharadita de ralladura de limón
1 cucharadita entre orégano y tomillo

Varios:
½ taza de queso rallado

Preparación:

Relleno: Calentar en una sartén la manteca y el aceite, rehogar la cebolla. Agregar la carne picada y la salchicha sin la piel, rociar con el vino, agregar los tomates picados y cocinar 10 minutos a fuego moderado; retirar, y ya frío agregar los huevos y condimentar con sal, pimienta, nuez moscada, la ralladura de limón, el orégano y tomillo. Mezclar todo muy bien.

Armado y cocción: Estirar la masa sobre tabla enharinada tratando de dar forma de rectángulo grande; la masa debe quedar finita. Luego colocar porciones del relleno. Estas porciones deben estar distribuidas con un espacio de 3 centímetros entre una y otra.
La masa que va a cubrir debe ser del mismo tamaño que la masa que contiene los montoncitos del relleno. Dejar reposar 10 minutos. Luego pasar la ruedita de los ravioles para separarlos. Cocinarlos en abundante agua con sal y 3 cucharadas de aceite, hasta que suban a la superficie, dejarlos 2 minutos más y colarlos. Servir espolvoreados con queso rallado.

Nota: Antes de colocar los montoncitos del relleno, pincelar la masa de abajo con clara de huevo, de esta forma nos aseguramos de que los ravioles no se abran.

RAVIOLES DE POLLO

Ingredientes:

Masa:
ver receta de masa para ravioles

Relleno:
2 cucharadas de aceite
½ pollo hervido
1 cebolla finamente picada
2 ajos picados
laurel
1 ramito de orégano, salvia y romero
½ kg de espinacas cocidas
100 g de jamón cocido
1 pancito remojado en leche
4 cucharadas de queso rallado
4 huevos
sal, pimienta y nuez moscada
1 cucharada de perejil picado

Varios:
100 g de manteca
tuco
queso rallado

Preparación:

En una sartén rehogar en aceite las presas de pollo, agregar la cebolla, los ajos picados y cocinar; luego agregar el laurel y el ramito de hierbas frescas; agregar las verduras, saltearlas. Retirar y pasar por la procesadora con el jamón cocido y la miga de pan exprimida.

Mezclar con el queso rallado, los huevos, sal, pimienta y nuez moscada y por último el perejil.
Formar los ravioles, siguiendo el procedimiento de la receta de ravioles de carne.
Cocinar en agua hirviendo con sal y una cucharada de aceite, una vez cocidos, mezclarle un poco de manteca y servirlos con tuco y queso.

RAVIOLES DE RICOTA

Ingredientes:

Masa:
ver receta de masa para ravioles

Relleno:
2 cucharadas de margarina o manteca
1 cebolla chica finamente picada
2 cebollas de verdeo (sin la parte verde)
1 kg de ricota fresca
2 cucharadas de perejil finamente picado
2 yemas
2 huevos
2 tazas de queso rallado
½ pocillo de nueces molidas (optativo)
sal, pimienta, nuez moscada

Preparación:

Calentar en una cacerola la manteca o margarina. Rehogar las cebollas que deben tomar apenas color. Retirar, escurrir, mezclar con la ricota, perejil, yemas, huevos, queso rallado y las nueces molidas. Condimentar con sal, pimienta y nuez moscada. Mezclar bien.

Armado: Sobre la tabla o mesa estirar la masa dándole forma de cuadrado o rectángulo, pensando que en una mitad se coloca el relleno y la otra mitad irá por arriba, dejarle un poco más de amplitud porque debe calcularse el doblez.
A veces conviene estirarla sobre un papel manteca enharinado para poder transportarlos después de cortados para echarlos a la cacerola donde se van a hervir.
En la mitad de la masa colocar una porción de relleno, extenderlo con espátula o cuchara sin llegar a los bordes.
Cubrir con la otra parte de la masa, espolvorear con harina, y aplicar el marcador de ravioles. Al apoyarlo, apretar bien, mantenerlo unos minutos, retirar el marcador y aplicarlo nuevamente para realizar más ravioles.
Pasar la ruedita de los ravioles para poder separarlos.
Cocinarlos en abundante agua con sal y 2 cucharadas de aceite.
Cuando están a punto, retirarlos y escurrirlos. Servirlos con la salsa deseada.

Nota: Para manejar mejor la masa estirarla dividida en varias partes. También se estiran perfectamente con las máquinas caseras de hacer pastas.

RAVIOLES DE RICOTA CON SALSA DE AZAFRÁN

Ingredientes:

Masa:
ver masa para ravioles

Relleno:
500 g de ricota
150 g de queso parmesano o provolone
1 cucharada de leche
cáscara rallada de una naranja

1 huevo
sal, pimienta y pizca de nuez moscada

Salsa:
3 cucharadas de vino blanco
1 pote de crema de leche
1 dedalito de azafrán
2 cucharadas de queso parmesano

Varios:
4 tomates perita
sal y pimienta negra o verde recién molida

Preparación:

Preparar la masa que se indica para ravioles. Dividirla en dos, estirarla muy fina en dos rectángulos de igual tamaño.

Relleno: Mezclar bien los ingredientes, ricota, queso, leche, cáscara de naranja rallada, huevo, sal, pimienta y una pizca de nuez moscada molida.

Salsa: En una sartén calentar y reducir el vino durante 3 minutos. Agregar la crema, luego el azafrán y el queso. Dejar 6 a 8 minutos en total, hasta que el azafrán suelte el color. Salpimentar antes de retirar.

Armado y cocción: Distribuir el relleno con una cucharita en montoncitos sobre una de las láminas de masa, cada 3,5 cm aproximadamente. Colocar la otra lámina de masa encima y presionar entre las porciones para que se adhiera la pasta. Marcar con la raviolera los ravioles presionando sobre la masa. Proceder para separarlos como se indica en ravioles de carne. Cocinarlos en abundante agua hirviendo con sal y una cucharadita de aceite de oliva; a los 5 minutos, cuando se ven un poco inflados, ya están listos. Escurrir bien.
Servir los ravioles sobre la salsa, acompañados de *concassé* de tomates (cuatro tomates peritas pelados, se pasan un segundo por agua hirviendo, y cortados en cubitos) y pimienta negra recién molida.

RAVIOLES VERDES DE RICOTA

Ingredientes:

Masa:
ver receta de masa para tallarines verdes

Relleno:
½ taza de aceite
2 dientes de ajo picados
1 cebolla finamente picada
1 seso de ternera (pelado y hervido)
¼ kg de salchicha fresca (desgrasada)
1 cucharada de perejil picado
1 ramito de orégano, estragón y salvia
sal, pimienta y nuez moscada
miga de pan mojada en leche
500 g de ricota fresca
6 cucharadas de queso rallado
3 huevos batidos

Preparación:

Relleno: Rehogar en el aceite bien caliente los 2 dientes de ajo picados, agregar la cebolla, el seso previamente hervido, la salchicha desgrasada y cocinar todo muy bien; agregarle el perejil picado, el ramito de hierbas, sal, pimienta y nuez moscada rallada, retirar del fuego y agregar la miga de pan exprimida y pisada y la ricota pisada.
Toda esta preparación se debe procesar, retirando previamente el ramito; colocar en un bol y agregar el queso y los huevos; mezclar con cuchara de madera para unir bien.

Armado y cocción: Estirar la masa en dos partes, dejándola fina; colocarla sobre un papel previamente espolvoreado con harina; extender la preparación del relleno y alisarla con una espátula, dejándola bien pareja. Cubrir con la otra masa previamente estirada, marcar con raviolera los ravioles, luego pasarle la ruedita de los ravioles. Cocinarlos en agua y sal a punto, colarlos, servirlos preferentemente con tuco o salsa boloñesa.

RAVIOLES DE VERDURA

Ingredientes:

Masa:
ver masa de ravioles
Relleno:
3 atados de acelga
3 atados de espinaca
agua y sal
1 cebolla picada
2 cebollitas de verdeo picadas
4 cucharadas de aceite
3 cucharadas de manteca o margarina
1 seso hervido
sal, pimienta y nuez moscada a gusto
200 g de jamón cocido picado
2 huevos
1 taza de queso rallado
350 g de ricota
1 cucharadita de orégano

Preparación:

Relleno: Lavar la acelga y la espinaca, cocinarlas en poca agua y sal, escurrirlas muy bien y picarlas. Se pueden cocinar al vapor.

Picar las cebollas finamente, cocinarlas en el aceite y manteca. Agregar la verdura muy exprimida y estrujada en un lienzo. Retirar del fuego y mezclar con el seso hervido y bien picado, condimentar con sal, pimienta y nuez moscada. Agregar el jamón muy picado, los huevos, el queso y la ricota.

Armado: Estirar la masa y armarlos siguiendo las indicaciones de la receta de ravioles de carne.
Cocinar en idéntica forma que las otras variedades.
Se sirven con tuco o salsa a elección.

RAVIOLINI

Ingredientes:

Masa:
ver masa de tortelloni

Relleno:
a elección, puede ser de ravioles de carne o de verduras, de cappellettis o de pescado

Salsa:
a elección, de manteca y tomate, tuco a elección, salsa fileto o con pesto y salsa (ver *Las salsas más sabrosas*)

Preparación:

Dividir la masa en varias porciones, estirarlas, dejarlas finas y con cortapasta rizado o liso cortar medallones de unos 5 a 6 cm de diámetro.
Mezclar los ingredientes del relleno y rellenar cada medallón de pasta; esto se hace con manga y boquilla o bien colocando media cucharada de relleno en cada disco. Pincelar el contorno con agua y doblar al medio apretando los bordes con los dedos para

sellarlos. Con suavidad ayudar a que el relleno quede bien adentro y formen una medialuna.
Cocinar del modo habitual, en abundante agua, hasta que estén a punto, retirar y colar con cuidado.

ROSCAS O NIDOS CON SALSA DE CALAMARES

Ingredientes:

1 kg de roscas o nidos

Salsa:
5 calamares pequeños limpios cortados en 3 o 4 partes de 5 cm c/u
tentáculos trozados
½ pocillo de aceite
4 o 5 rodajitas de ajo
1 lata de tomates perita partidos en cuatro
2 cucharadas de perejil picado
2 o 3 ramitas de orégano fresco
pimienta en grano recién molida
sal

Preparación:

Limpiar los calamares, sacar con cuidado la venita que contiene la tinta, reservarla, quitarle los ojos y pelarlos si es posible.
En cacerola calentar el aceite, rehogar los ajos, echar los tomates, agregar el perejil, orégano, sal, pimienta, cocinar 3 minutos y agregar los calamares y los tentáculos y la tinta de los calamares, cocinar a fuego suave durante 20 minutos.
Cocinar las roscas o nidos en abundante agua con sal, cuando

están "al dente" retirar la pasta, colocarla en fuente enroscándola un poco. Encima volcarle la salsa.

Nota: La tinta de los calamares se saca apretando la venita de arriba hacia abajo. Este plato puede hacerse con otra pasta seca: rigatoni, penne rigati, hélices, etcétera.

SOPA MINESTRONE

Ingredientes:

manteca
½ pocillo de aceite de oliva
1 cebolla picada
2 tajadas de panceta ahumada cortada en cuadraditos
1 zanahoria
4 ramitas de apio cortadas en cubitos
1 ramita de romero
6 hojas de acelga o 10 hojas de espinaca picadas
1 taza de repollo verde en juliana
sal, pimienta
1 ½ litro de caldo de carne
180 g de dedalitos o coditos chicos
queso parmesano rallado

Preparación:

Colocar en una cacerola de fondo pesado la manteca con 2 cucharadas de aceite (sobre el fuego). Agregar la cebolla picada, cuando empiece a dorarse incorporar la panceta y revolver unos instantes para que ésta se cocine. En ese momento, agregar la zanahoria, el apio y el romero. Cuando estén dorados echar

dentro de la cacerola las hojas de acelga o espinaca y repollo, cocinar 4 minutos, agregar el caldo, cocinar a fuego suave con la olla tapada. Cocinar por 45 minutos. Echar entonces la pasta, mezclar, tapar la cacerola y siempre a fuego muy suave, seguir cocinando hasta que la pasta esté "al dente".
Servir la sopa en soperitas, rociar con muy poco aceite de oliva y espolvorear con un buen queso de rallar, que puede ser parmesano.

Nota: Se le puede agregar 6 o 7 hojas de lechuga picadas como puro estilo romano. Esta es una característica sopa romana.

SORRENTINOS CON SALSA FILETO

Ingredientes:

Masa:
¼ kg de harina común
2 cucharadas de aceite
1 cucharadita de sal fina
1 taza de agua hirviendo

Relleno:
200 g de mozzarella rallada
100 g de jamón cocido picado fino
½ taza de queso rallado
200 g de ricota fresca pisada.

Salsa:
1 pocillo de aceite
4 dientes de ajo machacados
1 hoja de laurel
1 ramita de albahaca
1 ramita de orégano fresco

sal, pimienta
1 lata de puré de tomates
2 cucharadas de conserva de tomate
1 pote de crema de leche (200 cm^3)

Varios:
queso rallado parmesano o reggianito

Preparación:

Masa: Colocar la harina en un bol, hacerle un hueco en el centro y echar el aceite y la sal; luego, en forma gradual, el agua hirviendo, e ir tomando la harina, amasar un buen rato sobre una tabla enharinada. Dejar descansar tapada con un lienzo durante 10 minutos.

Armado y cocción: Estirar la masa y cortar discos de 4 cm de diámetro; los recortes se vuelven a amasar, se estira la masa y se cortan nuevos disquitos. Sobre la mitad de los discos colocar el relleno, pincelar el contorno con agua, cubrir con el otro disco de masa, apretar los bordes para cerrarlos bien.
Cuando todos están terminados, hervirlos en agua y sal. Cuando comiencen a subir a la superficie, colarlos. Colocarlos en fuente precalentada, espolvorear con queso rallado y cubrir con la salsa.

Relleno: Colocar todos los ingredientes en un bol y mezclar bien.

Salsa: Colocar en una sartén un pocillo de aceite, dorar los ajos con el laurel, la albahaca fresca, el orégano, sal, pimienta y cuando los ajos estén transparentes agregar el puré de tomates y la conserva de tomate; dejar hervir a fuego suave 10 minutos y pasar luego por un colador fino, mezclarle el pote de crema de leche, llevar a hervir nuevamente a fuego suave. Utilizar.

Nota importante:

a) Se puede variar el relleno de los sorrentinos con ½ kg de

ricota fresca mezclada con ½ taza de queso rallado, 2 cucharadas de nueces picadas y 100 g de queso fresco picado, sal, pimienta y nuez moscada a gusto.
b) Los sorrentinos se pueden hacer con un aparatito especial, llamado *sorrentinero;* en el envase se explica la forma de realizarlos. Resultan perfectos.

SPAGHETTI A LA CARBONARA

Ingredientes:

½ kg de spaghetti
3 cucharadas de aceite
4 dientes de ajo machacados
250 g de panceta ahumada cortada en cubitos chicos
½ cucharadita de ají molido
1 cucharadita de orégano
2 huevos
5 cucharadas de crema de leche
nuez moscada
queso parmesano rallado

Preparación:

En una sartén dorar los ajos en el aceite, retirarlos cuando tomen color, luego incorporar la panceta ahumada, echar el ají molido y el orégano. Aparte, hervir los spaghetti en la forma usual, cuando estén "al dente" colarlos.
Devolverlos a la cacerola en la que se hirvieron y en caliente echarles los huevos batidos con la crema con un poco de nuez moscada.
Servirlos con abundante queso rallado.

SPAGHETTI CON FRUTOS DE MAR

Ingredientes:

300 g de mejillones con sus valvas
1 copa de vino blanco
½ vaso de agua
1 pocillo de aceite, preferentemente de oliva
2 dientes de ajo
500 g de tomates pelados y picados
1 hoja de laurel
200 g de rabas (calamares chicos)
sal, pimienta
1 cucharadita de fécula de maíz
ají picante a gusto
perejil picado, cantidad necesaria
500 g de spaghetti
50 g de manteca

Preparación:

Raspar bien los mejillones hasta quitar las adherencias y lavar muy bien; llevar a fuego suave con agua y el vino. A medida que se abren, retirarlos de la olla, quitar la media valva, reservando unos 8 a 10. Filtrar con un lienzo el líquido de la cocción y reservarlo.
Aparte, en una cacerola calentar el aceite y dorar los ajos, retirarlos e incorporar los tomates, la hoja de laurel y las rabas, salpimentar y cocinar unos 8 minutos. Incorporar después el líquido reservado y el agua con la fécula disuelta; revolver con cuchara de madera; incorporar los mejillones sin valvas y los que se reservaron con ½ valva; espolvorear con ají molido y perejil picado.

Aparte, cocinar los spaghetti en abundante agua con sal y retirar cuando estén "al dente".
Colocarlos en una fuente y cubrir con la salsa.

SPAGHETTI AL PESTO

Ingredientes:

500 g de spaghetti
1 taza de hojas de albahaca
6 cucharadas de queso parmesano rallado
4 dientes de ajo picados grueso
8 nueces peladas y picadas
4 almendras picadas
½ cucharadita tamaño café de sal gruesa
aceite de oliva, cantidad necesaria

Preparación:

Machacar la albahaca en un mortero, junto con el queso, el ajo, las nueces, las almendras y la sal gruesa, agregar el aceite hasta obtener una pasta cremosa.
Cocinar la pasta "al dente", colarla y condimentar con el pesto. Si resulta muy espeso, diluir con cuatro o cinco cucharadas de agua de la cocción de la pasta.

SPAGHETTI A LA SINGAPUR

Ingredientes:

500 g de spaghetti
20 g de manteca
2 cucharadas de aceite (preferentemente de sésamo)
¼ kg de lomito o carré de cerdo cortado en cubitos
2 cebollas de verdeo cortadas en rodajitas
2 dientes de ajo picados
1 ají grande cortado en juliana fina
1 zanahoria grande cortada en finísimos bastoncitos
1 puñado de brotes de soja
80 g de champiñones cortados en láminas
4 brócoli muy tiernos, las ramitas bien formadas partidas (optativo)
¼ kg de camarones
un poco de curry
salsa de soja
perejil, sal, pimienta

Preparación:

Poner a hervir los spaghetti en abundante agua con sal gruesa y 1 cucharada de aceite, así resultan bien separados; cocer "al dente"; colar y mezclar la manteca y la salsa que sigue.
En una sartén grande calentar el aceite, rehogar la carne de cerdo, cuando esté dorada por todos los lados, echar los ajos, la cebolla de verdeo, el ají, la zanahoria, los brotes de soja, seguir revolviendo, agregar los champiñones; por último, poner los brócoli, los camarones, espolvorear con curry y agregar una cucharada de salsa de soja, salpimentar. Colocar los spaghetti en la sartén, y mezclar bien. Espolvorear con perejil picado.

SPAGHETTI AL TOMATE

Ingredientes:

½ kg de tomates maduros
½ kg de spaghetti
12 hojas de albahaca
3 cucharadas de aceite de oliva
sal
queso parmesano o reggianito

Preparación:

Colocar los tomates en agua hirviendo, pelarlos, sacarles las semillas y cortarlos en tiras.
Desmenuzar con las manos las hojas de albahaca. Colocar en una sartén una cucharada de aceite y freír los tomates durante 5 minutos, salar.
Cocinar los spaghetti en agua y colarlos "al dente".
Colocar nuevamente la salsa sobre el fuego, agregarle el aceite restante y la albahaca, con el fuego a mínimo cocinar unos minutos más hasta que la salsa se espese.
Verter la salsa sobre los spaghetti ya cocidos. Espolvorearlos con queso parmesano o reggianito.

SPAGHETTI A LA VONGOLE

Ingredientes:

500 g de spaghetti, hervidos un minuto menos que "al dente"
100 cm^3 de aceite de oliva

2 dientes de ajo picados
pizca de ají molido
2 cucharadas de perejil picado
50 g de almejas pequeñas con sus conchillas
sal
100 cm³ de vino blanco seco
2 cucharadas de manteca

Preparación:

Colocar el aceite de oliva y el ajo en una sartén grande. Cocinar hasta que el ajo comience a dorar, agregar el ají molido y el perejil. Poner en la sartén las almejas, espolvorear con sal. Verter el vino y revolver de vez en cuando. Tapar la sartén y así se irán abriendo las almejas. Cuando todas están abiertas, retirar la sartén del fuego.
Colocar los spaghetti en la sartén, mezclarlos, cocinar con los fideos 1 minuto más. Mezclar con la manteca.

SPAGHETTINI CON CALAMARES

(6 porciones)

Ingredientes:

4 calamares con su bolsita de tinta
½ cucharada de aceite
2 cucharadas de manteca
1 cebolla picada finamente
3 echalotes picados
250 cm³ de jerez o vino blanco seco de muy buena calidad
½ pocillo de crema de leche
2 o 3 cucharadas de perejil finamente picado
sal y pimienta negra recién molida

Preparación:

Limpiar los calamares, separar los tentáculos y conservar con cuidado las bolsitas, su tinta. Los tentáculos cortarlos en pequeños trocitos y el calamar cortarlo en anillos de 1 ½ cm de ancho. En el aceite y manteca dorar la cebolla y los echalotes, agregar los calamares y el jerez. Cocinar 25 minutos a fuego suave con cacerola tapada; con espumadera retirar los calamares de la olla.
Agregar a la cacerola la crema de leche y la tinta (que se extrae apretando la bolsita entre los dedos).
Dentro de la misma olla incorporar los spaghettini cocidos "al dente". Distribuir en platos, espolvorear con perejil picado y, sobre la pasta, distribuir los calamares.

SPATZLI

Ingredientes:

250 g de harina
5 huevos
sal, nuez moscada
agua tibia, cantidad necesaria
manteca, cantidad necesaria

Preparación:

Batir la harina junto con los huevos, la sal, la nuez moscada y un poco de agua tibia, la necesaria para formar un pasta espesa; echar el agua de a poco.
Tener a mano una cacerola con agua hirviendo e ir pasando la masa por un colador con agujeros grandes (los hay especiales para spatzli; se piden así en los comercios). Al caer la pasta en el agua se cocina, retirar y escurrir.

Saltearlos en manteca hasta que se doren apenas. Espolvorear con queso rallado.

Nota: son ideales para gulash.

STROZZAPRETI CON SALSA DE TOMATE

Ingredientes:

Masa:
500 g de harina de trigo
2 huevos
agua tibia, cantidad necesaria
sal

Salsa:
400 g de tomates maduros
1 diente de ajo
3 cucharadas de aceite de oliva
4 cucharadas de manteca
⅓ de ají picante
50 g de queso parmesano rallado
perejil
sal

Preparación:

Masa: Formar una corona con la harina, colocar en el centro los huevos y un poco de agua tibia, la necesaria para formar una masa uniforme, amasar bien. Dejar descansar 10 minutos, tapada. Luego estirar la masa hasta obtener un espesor de 1 cm. Cortar en pedazos y arrollar en bastoncitos de aproximadamente 10 cm, espolvorear con harina para que no se peguen entre sí, cocinar por 2 o 3 minutos en agua hirviendo.

Salsa: Calentar los tomates en agua hirviendo, pelarlos y sacarles las semillas, pasarlos por un colador. Machacar y freír el ajo en aceite hirviente, después sacarlo, agregar los tomates, el perejil y el ají picados, condimentar con sal y dejar cocinar lentamente durante 10 minutos.
Verter la manteca, dejarla calentar 2 o 3 minutos, después agregar el queso parmesano.
Servir los strozzapreti con la salsa.

TAGLIATELLE CON BERENJENAS

(4 porciones)

Ingredientes:

500 g de tagliatelle (fideos cintas)
4 berenjenas chicas
1 cebolla grande picada
½ pocillo de aceite de oliva
8 tomates perita cortados en casquitos
sal, pimienta
albahaca fresca picada
1 ramita de albahaca

Preparación:

Pelar las berenjenas, quitarles el tronco, cortarlas en cubitos de 2 x 2 cm.
Picar la cebolla finamente.
Calentar el aceite en una sartén y rehogar la cebolla, agregar las berenjenas, mezclar con cuchara de madera para que se

tiernicen, agregar los tomates, salpimentar, poner la tapa a la sartén y cocinar a fuego suave durante 20 minutos.
Tener los tagliatelle hervidos y "al dente", escurrirlos, colocarlos en una fuente precalentada, echarles por encima la preparación de berenjenas, salpicar todo con albahaca picada y colocar como adorno en el centro una ramita de albahaca.

Nota: Esta pasta no se sirve con queso rallado.

TALLARINES CON HIERBAS AROMÁTICAS

(4 porciones)

Ingredientes:

400 g de tallarines
mejorana, albahaca, romero, perejil, 2 o 3 hojitas de salvia
1 taza de crema de leche
1 yema
3 cucharadas de queso rallado
sal, pimienta
1 cucharadita de cebollina
30 g de manteca

Preparación:

Triturar las hierbas aromáticas. Mezclarlas con la crema de leche, la yema, el queso rallado, sazonar con sal y pimienta.
Cocinar los fideos, y una vez escurridos echarlos en una fuente y mezclar con la manteca.
Verter la salsa de hierbas sobre los fideos. Remover y servir.

TALLARINES NEGROS (CON TINTA DE CALAMARES)

Ingredientes:

500 g de tallarines con tinta de calamares
4 calamares chicos
4 cucharadas de aceite de oliva
2 dientes de ajo cortados en rodajitas
2 latas de tomates perita cortados en cubitos con su líquido
½ vaso de vino blanco
sal, pimienta y orégano fresco
1 cucharada de perejil picado

Preparación:

Limpiar los calamares, lavarlos bien, sacarles los ojos y cortarlos en anillos; cortar los tentáculos en tiras de 5 a 6 cm de largo.
En una sartén o cacerola colocar el aceite, calentarlo, rehogar los ajos; antes que tomen color, agregar los tomates, mezclar e incorporar el vino blanco, los calamares y salpimentar.
Cocinar a fuego suave con olla semitapada durante 25 minutos.
Al retirar la salsa agregar el perejil y el orégano fresco.
Cocinar los tallarines de calamares en agua hirviendo con sal, cuando se noten "al dente", colarlos; colocarlos en fuente o en platos individuales. Sobre ellos esparcir la salsa.

TALLARINES RELLENOS

Ingredientes:

Masa:
500 g de harina
2 huevos
1 yema
2 cucharadas de aceite
agua y sal, cantidad necesaria

Relleno:
1 kg de espinaca o acelga o mitad de cada verdura
2 cucharadas de aceite
1 cebolla finamente picada
2 ajos picados
200 g de lomo
2 hojas de laurel
miga de un pancito remojada en leche
150 g de jamón cocido
sal, pimienta y nuez moscada
150 g de queso rallado
2 huevos
1 yema

Masa: Preparar la masa con los ingredientes indicados. Formar 4 bollos de masa, dejar descansar por lo menos 30 minutos cubriéndolos con un lienzo, luego estirar cada uno de ellos, dejándolos muy finos; extender el relleno, arrollar sin apretar, envolver en liencillos atados en los extremos con un piolín. Cocinar esto en una cacerola algo grande durante 50 minutos; esto depende mucho del grosor de la masa, por eso se recomienda estirarla muy fina. Una vez cocida, quitar el lienzo, cortar en rebanadas finas y servir con tuco o manteca y queso rallado.

Relleno: Hervir la espinaca y/o acelga, refrescarla, exprimirla y picarla muy bien. En la sartén colocar el aceite y rehogar la cebolla con el ajo; una vez dorados los ajos, retirarlos. Agregar la carne, laurel, miga de pan exprimida, la verdura, el jamón cocido, condimentar con sal, pimienta y nuez moscada. Retirar, dejar enfriar y procesarlo. Agregar el queso rallado, los huevos y la yema, mezclar y dejar enfriar muy bien. Si es de un día para otro, mejor.

TALLARINES VERDES CON PESTO Y SALSA DE AZAFRÁN

Ingredientes:

Masa:
400 g de harina
3 huevos
3 cucharadas colmadas de espinaca cruda sin los troncos y procesada
agua con sal fina, cantidad necesaria

Pesto:
6 dientes de ajo
20 hojas de albahaca
sal, cantidad necesaria
2 cucharadas de queso rallado
1 pocillo de aceite

Salsa:
1 pocillo de aceite
1 diente de ajo
1 cebolla finamente picada
3 menudos de pollo picados
1 zanahoria rallada
1 tomate pelado y picado
1 ramito compuesto por tomillo, orégano, salvia, estragón

sal y pimienta, cantidad necesaria
2 cápsulas de azafrán
1 taza de caldo
1 vaso de vino blanco

Preparación:

Colocar la harina en forma de corona y en el centro los huevos, el pesto, la espinaca cruda y procesada. Mezclar muy bien los ingredientes del centro, unir con la harina formando una masa consistente, agregando agua si fuera necesario; trabajar y amasar muy bien, formar dos bollos y dejar descansar durante 30 minutos, tapados.
Espolvorear la mesa donde se va a estirar la masa; estirarla dejándola muy fina y luego orear unos minutos, espolvorear con harina y arrollarla. Cortar los tallarines, dejándolos bien abiertos sobre la mesa para que se sequen.
Cocinar en abundante agua con sal y un chorro de aceite; ya cocidos "al dente", escurrirlos, pasándolos por colador. Acomodarlos en una fuente honda, espolvorear con queso rallado y cubrir con la salsa de azafrán.

Pesto: Procesar todos los ingredientes.

Salsa: Colocar en un recipiente el aceite, dorar el ajo y la cebolla finamente picada, incorporar los menudos picados, saltear, luego agregar la zanahoria rallada, el tomate pelado y picado, el ramito de hierbas, salpimentar, dejar cocinar, colocar por último el azafrán disuelto en el caldo, el vino, tapar el recipiente y cocinar a fuego suave 25 a 30 minutos.

TIMBAL DE MACARRONES

Ingredientes:

400 g de macarrones cocidos "al dente"

Relleno:
100 g de manteca
1 cebolla finamente picada
1 seso previamente hervido y picado
½ pollo hervido, desmenuzado y picado
3 tomates sin semilla, pelados y picados
sal, pimienta y nuez moscada
1 taza de queso rallado
3 huevos ligeramente batidos
macarrones cortaditos

Salsa:
½ pocillo de aceite
2 dientes de ajo machacados
1 cebolla picada
1 ají picado
4 tomates pelados y picados
1 ramito compuesto de hierbas aromáticas
1 cucharadita de azúcar
1 zanahoria rallada
½ vaso de vino blanco
1 tacita de caldo
sal, pimienta

Preparación:

Colocar los macarrones sobre un lienzo después que se hirvieron y escurrieron.
Enmantecar un bol de 22 a 23 cm de diámetro que pueda ir al

horno. Comenzar a colocar los macarrones cubriendo la base y la pared del bol hasta llegar al borde.
Cortar en trocitos los macarrones restantes.

Relleno: En una sartén grande disponer la manteca, agregar la cebolla y dorarla, añadir el seso, la carne de pollo y los tomates picados.
Rehogar durante 5 minutos, retirar, sazonar con sal, pimienta y nuez moscada. Agregar el queso rallado, los huevos batidos y el resto de los macarrones. Rellenar con esta preparación el bol y cubrir con una capa de macarrones, hasta terminar.
Cocinar en horno caliente y a baño de María durante 45 minutos. Antes de desmoldar dejar reposar 5 minutos. Al sacar del horno cubrirlo con salsa.

Salsa: Colocar en una cacerola el aceite, dorar los ajos, sacarlos e incorporar la cebolla y el ají, rehogar durante 5 minutos. Añadir los tomates, el ramito de hierbas, el azúcar y saltear a fuego fuerte. De inmediato agregar la zanahoria, el vaso de vino blanco, el caldo, condimentar con sal y pimienta. Tapar la cacerola y cocinar a fuego suave hasta que espese.

Nota: Después de colocarle los macarrones en la superficie, conviene tapar el recipiente con papel de aluminio para que no se resequen durante la cocción.
El seso se puede reemplazar por ¼ kilo de ricota pisada.

TORTELLI AL TUCO

Ingredientes:

Masa:
1 kg de harina
3 huevos
agua con sal, cantidad necesaria

Relleno:
1 kg de zapallo
2 batatas medianas (peladas y hervidas)
sal, pimienta y nuez moscada a gusto
200 g de queso rallado
2 huevos
pan seco y rallado

Tuco:
½ kg de peceto
3 costillas o pechito de cerdo (un trozo)
1 pocillito de aceite
manteca
2 cebollas finamente picadas
1 zanahoria grande rallada
1 ají chico colorado
1 cucharada de ajo y perejil picado
2 hojas de laurel
½ tarrito de conserva de tomate disuelta

Preparación:

Masa y armado: Poner en una tabla o mesa la harina en forma de corona; en el centro los huevos, batirlos con la mano e ir tomando la harina; agregar agua para formar una masa, ni dura ni blanda. Untar con aceite y dejarla descansar tapada. Luego estirar de a trozos, y dejarlos finos.
Cortar tiras de unos siete centímetros de ancho; estas tiras a su vez cortarlas en rombos de 3 ½ por 3 ½ cm.
Colocar un poco del relleno en cada uno de los rombitos y formar los tortelli.
Dejarlos orear un poco y hervirlos en agua y sal como cualquier otra pasta, pero con la olla destapada y cuidar bien el punto. Escurrirlos, colocarlos en fuente, cubrirlos con el tuco y espolvorear con abundante queso rallado.

Relleno: Hervir el zapallo en agua y sal; una vez a punto escurrirlo y luego exprimirlo dentro de un repasador para quitarle muy bien el agua. Hervir las batatas, escurrirlas y hacer

con ellas un puré en caliente. Mezclar el zapallo pisado y las batatas.
Condimentar con sal, pimienta, nuez moscada; incorporar el queso y los huevos. El relleno debe quedar bien sostenido. Utilizarlo frío.

Tuco: Dorar en el aceite y manteca el peceto y las costillitas, previamente condimentados con sal y pimienta; agregar las cebollas, dejar rehogar y que tomen buen color. Luego agregar la zanahoria rallada, el ají picadito, ajo y perejil picado y la hoja de laurel. Sazonar, disolver en agua caliente la conserva y mezclar todo. Sazonar a punto. Cocinar a fuego suave hasta que la carne esté tierna y a punto.

Nota: En esta receta piamontesa el tuco se puede hacer con tomates pelados sin semilla o de tarro.

TORTELLONI CON SALSA DE TOMATE A LA MANTECA

Ingredientes:

Masa:
3 huevos
300 g de harina común

Relleno:
el mismo de los ravioles de verdura

Salsa:
1 kg de tomates frescos, maduros, pelados, sin semilla, cortados en trozos grandes. O reemplazarlos por 2 latas de tomates perita con su jugo
120 g de manteca

1 cebolla cortada al medio
sal
½ taza de queso parmesano rallado

Preparación:

Masa: Disponer la harina sobre tabla o mesa en forma de corona. En el centro de la corona colocar los huevos. Con un tenedor incorporar gradualmente a los huevos la harina del interior de la corona, hasta que los huevos estén espesos y no líquidos. No romper la pared exterior de la corona de harina para que no se escapen los huevos.
Formar la masa, amasarla un buen rato y dejarla descansar envuelta en polietileno. Se puede estirar también con las máquinas caseras de hacer pastas.
Dividir la masa en dos o tres partes. Estirar cada una de ellas y dejarlas finas; cortar tiras de 10 cm de ancho por el largo de la masa.
Con el relleno puesto dentro de una manga con boquilla lisa de boca grande, hacer sobre la masa montoncitos de relleno separados por 5 cm (equivalentes a 1 cucharada sopera de relleno).
Humedecer los bordes de la masa; hacer lo propio a los costados de los montoncitos de verdura. Doblar la tira de masa por la mitad. Apretar bien el contorno de cada tortelloni y todo a lo largo.
Con la ruedita de los ravioles cortarlos y apoyarlos sobre fuente espolvoreada con harina.
Hervir los tortelloni en abundante agua con sal, retirarlos con cuidado con espumadera y colocarlos en un colador de fideos.
Servirlos en platos precalentados con salsa de tomates a la manteca y espolvoreados con queso rallado.

Salsa: Colocar todos los ingredientes, menos el queso, en una sartén y cocinar a fuego suave hasta que los tomates se reduzcan (35 a 45 minutos); retirar del fuego, sacar los cuartos de cebolla.

Nota: Los tortelloni pueden realizarse también con tapas para pascualina rectangulares. Se sigue el mismo procedimiento ya explicado.

Las salsas que combinan también con los tortelloni son pomodoro, fileto, tuco, salsa a lo Miguel, estofado y con manteca derretida y queso

TRÍPTICO

(4 porciones)

Plato de pasta que se sirve en forma individual (en platos playos). Se compone de un panqueque con espinaca a la crema, mostacholes con pesto y spaghetti con salsa de brócoli.

Ingredientes:

200 g de rigatoni (mostacholes rayados)
200 g de spaghetti
4 panqueques cuadrados (los venden hechos o se preparan en casa redondos y se les da forma cuadrada)

Espinaca a la crema:
2 atados chicos de espinaca
2 cucharadas de queso rallado
100 cm^3 de crema de leche
sal, pimienta y nuez moscada

Pesto:
36 hojitas de albahaca
4 dientes de ajo
1 cucharadita de sal gruesa
1 pocillo escaso de aceite
1 cucharada de queso rallado

Salsa de brócoli y tomate:
½ paquete de brócoli fresco o congelado
4 cucharadas de aceite
1 cebolla picada
1 diente de ajo picado
1 lata de puré de tomates al orégano o al ajo
sal, pimienta

Preparación:

Espinaca a la crema: Lavar la espinaca, quitarle los tronquitos, cocinarla al vapor, luego exprimirla muy bien dentro de un lienzo y volverla a exprimir. Mezclarla con la crema de leche y el queso y agregarle sal, pimienta y nuez moscada. Revolver sobre el fuego hasta que se forme una crema.
Distribuir en el medio de cada panqueque y doblarlo juntando los vértices opuestos.

Pesto: Colocar las hojas de albahaca en el mortero o en la licuadora con los ajos y la sal gruesa, machacar o licuar hasta que se forme una pasta, agregar lentamente el aceite y por último el queso rallado.

Salsa de tomate con brócoli: Lavar los brócoli, separarlos en ramitas pequeñas, hervirlos al vapor o en agua y sal hasta que se noten a punto, retirarlos y escurrirlos.
Colocar en una olla o sartén el aceite, rehogar la cebolla hasta que tome color, agregar un diente de ajo picado, luego echar el tomate; esperar a que la salsa se reduzca. Echar entonces los brócoli, mezclarlos con la salsa.

Armado: Hervir las pastas "al dente" y colarlas en el momento de servir los platos.
Precalentar los platos y en cada uno colocar un panqueque, al lado los mostacholes con pesto, y junto a estos últimos los spaghetti con salsa de tomate con brócoli. Salpicar con queso rallado.

Nota: El pesto y la salsa de tomate con brócoli pueden prepararse con anticipación.

VERMICELLI CON CAVIAR

(4 porciones)

Ingredientes:

400 g de vermicelli
2 cucharadas de manteca
4 echalotes picados finos
¼ de taza de vino blanco seco
½ taza de caldo
150 cm^3 de crema de leche
1 cucharadita de estragón francés molido
sal y pimienta
4 cucharadas de caviar negro

Preparación:

En una sartén calentar la manteca, saltear los echalotes, cuando están tiernos agregar la taza de vino blanco y el caldo; esperar que tome unos hervores, incorporar la crema de leche. Mezclar con cuchara de madera revolviendo sobre el fuego. Agregar el estragón, sal y pimienta.
Hervir en agua con sal los fideos, cuando estén "al dente", colarlos, volverlos a la cacerola, volcar encima la salsa, revolver un minuto sobre el fuego. Disponer en fuente o platos precalentados y distribuir el caviar sobre la pasta.

ZANCANAS*

Ingredientes:

2 paquetes chicos de espinaca cocida (mejor al vapor)
2 huevos
3 cucharadas de queso rallado
sal, pimienta, nuez moscada
500 g de harina
queso rallado

Preparación:

Escurrir la espinaca, exprimirla dentro de un lienzo, picarla, luego ponerla en un bol, agregarle los huevos, el queso, sal, pimienta y nuez moscada.
Colocar la harina en forma de corona sobre la mesa o tabla; en el centro la verdura, unir la harina con la espinaca, formar una masa bien lisa y de buen aspecto. Dejarla descansar 15 minutos, estirarla, fina, de 2 a 3 mm de espesor.
Marcar cuadraditos de 2 ½ cm de lado con la ruedita de los ravioles.
Cocinar en agua y sal durante 15 a 18 minutos, escurrirlos y servirlos con salsa a elección (tuco, salsa de tomate o pesto) y queso rallado

*Cuadraditos de masa de espinaca con forma de ravioles.

Las salsas más sabrosas

ESTOFADO

Ingredientes:

½ pocillo de aceite de oliva
1½ kg de carne de ternera cortada en cubos
2 cebollas picadas
4 dientes de ajo cortados en láminas
2 tomates cortados en cubitos
1 vaso de vino tinto
1 hoja de laurel
1 taza de agua (de las grandes)
4 papas a la cucharita fritas

Preparación:

Calentar el aceite, dorar la carne, retirarla para dorar en el mismo fondo. Rehogar las cebollas, los ajos, los tomates; cuando las verduras estén doradas, incorporar la carne, agregar el vino, el laurel, el agua. Cocinar con olla tapada 1 hora. Agregar agua o caldo si hiciera falta.
Por último, agregar las papitas, cocinar 20 minutos más. Antes de retirarlo, espolvorear con perejil picado.

Nota: Ésta es una receta española.

PESTO A LA CREMA

Ingredientes:

40 a 50 hojas de albahaca

4 dientes de ajo
3 cucharadas de nueces
½ pocillo de aceite
150 cm³ de crema de leche

Preparación:

Se prepara igual que el pesto con nueces, solamente se le agrega la crema y se mezcla bien.

PESTO CON NUECES

Ingredientes:

60 hojas de albahaca
3 cucharadas de perejil
4 dientes de ajo
1 cucharadita de sal gruesa
3 cucharadas de nueces picadas muy finamente
1 pocillo de aceite

Preparación:

Colocar en el mortero o licuadora la albahaca, el perejil, los ajos, la sal, machacar o procesar hasta formar una pasta. Agregar las nueces y el aceite lentamente.
Se puede guardar en frasco de vidrio mucho tiempo en la heladera.

PESTO PARA LAS PASTAS NATURALES

Ingredientes:

6 dientes de ajo picados
40 hojas de albahaca
5 cucharadas de aceite
15 nueces peladas
un pizca de sal
½ taza de agua de la cocción de los fideos

Preparación:

Licuar todos los ingredientes y si se desea darle un color verde más pronunciado, se le pone unas hojas de espinaca.

SALSA BECHAMEL

Ingredientes:

½ litro de leche entera
60 g de manteca
4 cucharadas al ras de harina común
sal, pimienta negra molida, nuez moscada

Preparación:

Calentar la leche hasta que hierva. Retirar del fuego.

En tanto, derretir la manteca en una sartén de fondo pesado y a fuego moderado. Echar de a poco la harina, mezclar con un batidor de alambre hasta que quede bien incorporada.
Comenzar a agregar la leche caliente de a cucharadas, cuidando de que esté todo bien mezclado antes de agregar más. Cuando la consistencia es más bien líquida, agregar la leche más rápidamente. Seguir hasta que se haya incorporado toda la leche. Mezclar hasta que la salsa comience a espesarse. La salsa estará hecha cuando se adhiera al batidor. Sazonar con sal, pimienta y nuez moscada.

SALSA BOLOÑESA

Ingredientes:

50 g de manteca
1 cebolla finamente picada
1 tallo de blanco de apio picado finamente
1 zanahoria chica finamente picada
80 g de panceta ahumada picada finamente
1 hoja de laurel partida
300 g de carne picada (de roast beef o nalga)
½ copa de vino tinto
1 cucharadita de harina
2 trufas remojadas en agua tibia y luego picadas (optativo)
sal, pimienta y nuez moscada
½ taza de caldo
½ taza de leche
4 cucharadas de crema de leche
1 hígado de pollo finamente picado

Preparación:

En una cacerola derretir la manteca, saltear la cebolla, el apio,

la zanahoria, la panceta ahumada y la hoja de laurel a fuego suave 8 a 10 minutos.
Agregar la carne picada y la copa de vino, aumentar el fuego y dorar la carne, espolvorear con la harina, revolver y cocinar hasta que la salsa se haya reducido un poco.
Agregar las trufas, salpimentar e incorporar la nuez moscada, el caldo, tapar la cacerola y cocinar a fuego suave durante 10 minutos.
Agregar la leche más o menos a los 60 minutos, corregir el sazonamiento. Antes de servir, agregar la crema y el hígado de pollo con olla destapada. Cocinar 5 minutos más.

SALSA CREMA AL AZAFRÁN

Ingredientes:

1 pote de crema de leche
2 dedalitos de azafrán
½ kg de tomates perita *concassé*
1 vaso de vino blanco seco
2 cucharadas de queso parmesano rallado
sal, pimienta recién molida

Preparación:

Sumergir en agua hirviendo los tomates, dejarlos 5 minutos. Retirarlos y pelarlos. Cortarlos en cuadraditos chicos (*concassé*). Colocar en una sartén o cacerola el vino, dejarlo reducir, agregar la crema de leche, cuando está caliente echar el azafrán, mezclar para que se disuelva, colocar los tomates, salpimentar y mezclar fuera del fuego el queso rallado.

Nota: Esta salsa es riquísima servirla con ravioles, agnolotti o sorrentinos de ricota.

SALSA ESPECIAL DE TOMATE

Ingredientes:

500 g de tomates pelados y picados (elegir tomates más bien maduros)
500 g de mozzarella rallada con rallador de verduras
½ taza de albahaca picada fina
1 cucharadita de orégano
2 dientes de ajo muy picados
sal, pimienta

Preparación:

Colocar todos los ingredientes en un bol y llevarlo a baño de María hasta que la mozzarella esté bien disuelta.
Colar la pasta en fuente honda, echarle por encima la salsa y mezclar con utensilios de madera levantando y mezclando bien.
Es una salsa deliciosa.

SALSA GRIEGA

Ingredientes:

100 g de manteca
2 cucharadas de aceite
3 cebollas medianas finamente picadas
750 g de carne picada de roast beef o nalga
sal, pimienta
1 vaso de vino blanco seco

1 taza de puré de tomates

Preparación:

Rehogar la cebolla en la manteca y el aceite, agregar la carne y condimentar bien con sal y pimienta. Incorporar el vino junto con el tomate, tapar y cocinar a fuego suave sobre una lámina de amianto así no se quema el fondo de la olla. Cocinar durante 40 minutos.

SALSA DE HONGOS

(6 porciones)

Ingredientes:

1 pocillo de aceite preferentemente de oliva
2 dientes de ajo machacados
200 g de hongos secos (remojados en vino blanco y escurridos)
200 g de gírgolas
300 g de champiñones frescos
2 tazas de vino blanco seco
1 taza de caldo de carne y verduras
1 cucharadita entre tomillo y orégano
4 tomates perita pelados y cortados en pequeños cubitos
sal, pimienta
perejil picado

Preparación:

Colocar en una cacerola el aceite, calentarlo, rehogar los dientes de ajo machacados; cuando tomen color, retirarlos. Echar en la cacerola los hongos bien secos y cortados en trozos grandes, también los gírgolas; mezclar con cuchara de madera hasta que

queden semicocidos. Por último, incorporar los champiñones, el vino, caldo, tomillo, orégano y el tomate, cocinar con olla destapada a fuego suave hasta que se reduzca la salsa. Verificar el sazonamiento y corregirlo si hiciera falta.
Cuando se sirve la pasta ya cocida "al dente" en fuente o platos, ponerle la salsa por encima. La utilización del queso es según gusto. Espolvorear con perejil picado.

Nota: Esta salsa es ideal para pastas rellenas o secas.

SALSA DE LANGOSTINOS

Ingredientes:

50 g de manteca
400 g de langostinos medianos limpios
4 zucchini raspados cortados en daditos de 2 ½ cm de lado, sólo con la cáscara, desechar lo del centro
18 aceitunas negras descarozadas y aplastadas
200 cm^3 de caldo de verduras con una capsulita de azafrán disuelta
sal, pimienta, perejil picado

Preparación:

En una sartén calentar la manteca, saltear los langostinos de ambos lados. Incorporar los zucchini y las aceitunas, revolver unos instantes. Agregar el caldo con el azafrán, salpimentar y colocar el perejil picado.
Cocinar unos 10 minutos a fuego suave. Una vez colada la pasta, colocarla en platos o fuentes y echar por encima la salsa.

Nota: Esta salsa es ideal para vermicelli y spaghetti.

SALSA DE MANTECA Y TOMATES

(para ½ kg de pastas secas o caseras)

Ingredientes:

1 kg de tomates perita pelados, sin semillas, cortados en trocitos o 2 latas de tomates perita picados con su jugo
100 g de manteca
1 cebolla cortada en cuatro
sal
½ taza de queso parmesano rallado

Preparación:

Colocar todos los ingredientes menos el queso en una sartén y cocinar a fuego suave 35 a 45 minutos hasta que los tomates se hayan reducido.
Retirar del fuego, sacar los cuartos de cebolla.
Cocinar la pasta, colarla cuando esté "al dente", mezclar en la sartén con la salsa caliente y espolvorear con el queso rallado.

Nota: Ideal para spaghetti, bucatini, penne rigati, tortelloni, vermicelli o ravioles.

SALSA DE MELÓN

Ingredientes:

80 g de manteca
3 tazas de bolitas de melón o de cubitos de 1 ½ cm de lado

sal, pimienta recién molida
1 cucharadita de jugo de limón
1 cucharada de conserva de tomate
1 pote de crema de leche
100 g de queso parmesano rallado

Preparación:

Calentar en una sartén la manteca, cuando esté derretida agregar las bolitas o cubitos de melón, mezclar con cuchara de madera, mientras el jugo que suelta el melón se vaya evaporando. Sazonar con sal y pimienta, agregar el jugo de limón y la conserva de tomate; mezclar y de inmediato incorporar la crema de leche. Mezclar.
Cocinar "al dente" y colar la pasta elegida. Volcar dentro de la sartén y dar unas cuantas vueltas a la pasta con la salsa. Espolvorear con queso rallado y servir.

Nota: Ideal para spaghetti, spaghettini, lenguini, fusilli largos.

SALSA MIGUEL ÁNGEL

Ingredientes:

4 cucharadas de aceite de oliva
1 cebolla finamente picada
1 diente de ajo
150 g de carne de nalga picada
1 lata o caja de pulpa de tomates al ajo
½ vaso de vino blanco o dulzón
sal, pimienta, orégano

Preparación:

Calentar el aceite en una sartén. Rehogar la cebolla y el ajo. De inmediato echar la carne picada, mezclar con cuchara de madera y agregar el vino, la pulpa de tomate, sal, pimienta y orégano. Cocinar a fuego suave hasta que la carne esté a punto y la salsa reducida.

SALSA DE NUECES

(para 500 g de pasta)

Ingredientes:

20 mitades de nueces (reservar después de peladas varias para salpicar cada plato)
50 g de piñones
perejil
1 diente de ajo chico
250 cm^3 de crema de leche
queso parmesano

Preparación:

Colocar en un bol con agua hirviendo las nueces, dejarlas unos instantes, sacarlas y pelarlas. Secarlas bien. Pasar por un molinillo las nueces, los piñones, el ajo y el perejil. Colocar todo dentro de un bol, volcarle por encima lentamente la crema de leche, salpimentar.
Calentar 50 gramos de manteca hasta que comience a tomar apenas color rubio.
Una vez colada la pasta volverla a la cacerola en que se hirvió, volcar por encima la manteca caliente, salpicar con el queso parmesano rallado y volcar encima la salsa de nueces. Mezclar,

servir en platos precalentados. Salpicar con nueces sobre la pasta.

Nota: Esta salsa es ideal para ravioles, ñoquis, sorrentinos y otras pastas.

SALSA DE OPORTO

Ingredientes:

crema de leche
400 cm^3 de oporto (1 pocillo de los grandes)
3 cucharadas de queso rallado
sal, pimienta y nuez moscada
1 cucharadita de fécula de maíz disuelta en ½ pocillo de leche fría o agua

Preparación:

Colocar en una cacerola la crema de leche y el oporto, dejar que tome un hervor, agregarle el queso rallado, mezclar, condimentar con sal, pimienta y nuez moscada. Agregar la fécula de maíz y espesarla apenas.

SALSA PIZZAIOLA

(6 porciones)

Ingredientes:

6 cucharadas de aceite
3 dientes de ajo
600 g de tomates frescos y maduros
sal, pimienta y azúcar
1 cucharadita de orégano
1 cucharada de perejil picado

Preparación:

Calentar el aceite, dorar los dientes de ajo y retirarlos. Agregar los tomates pasados por agua caliente pelados, sin semillas y bien picados. Condimentar con sal, pimienta y una pizca de azúcar. Agregar el orégano y el perejil. Cocinar a fuego suave revolviendo de vez en cuando. Cocinar durante 20 minutos.

Nota: Esta salsa se adapta a cualquier tipo de pasta, sea fresca o seca.

SALSA DE POLLO

Ingredientes:

1 cucharada de manteca
1 cebolla grande picada

sal, pimienta y nuez moscada
1 lata de champiñones
1 vaso de vino blanco seco
½ pollo hervido sin piel y cortado en pequeños trocitos (mejor si es una pechuga)
100 cm³ de crema de leche

Preparación:

Calentar la manteca, rehogar la cebolla hasta que se ponga transparente. Condimentar con sal, pimienta y nuez moscada. Agregar los champiñones cortados en rodajitas con su líquido, el vino blanco seco y el pollo. Cocinar durante 10 minutos, añadir la crema de leche, revolver unos instantes y servir.

SALSA PUTANESCA I

(4 porciones)

Ingredientes:

80 g de manteca
3 cucharadas de aceite de oliva
3 dientes de ajo pelados y picados sin el brote verde
5 filetes de anchoas cortados en trocitos
500 g de tomates peritas frescos, pelados y cortados en cubos
50 g de alcaparras
150 g de aceitunas negras descarozadas
sal y pimienta

Preparación:

En cacerola o sartén profunda colocar la manteca y el aceite, llevar sobre el fuego, agregar los ajos picados y antes de que tomen color incorporar las anchoas. Añadir los tomates, cuando ha tomado varios hervores, agregar a la preparación las alcaparras y las aceitunas descarozadas y enteras. Verificar sazonamiento y en tal caso ponerles sal. Por encima espolvorear con pimienta.

Nota: Esta salsa se sirve con el tipo de pasta que se desee.

SALSA PUTANESCA II

(4 porciones)

Ingredientes:

1 cebolla
250 g de panceta
aceite de oliva, cantidad necesaria
2 latas de tomates triturados
14 aceitunas negras o verdes
6 anchoas picadas
sal, pimienta

Preparación:

Cortar la cebolla en fina juliana, la panceta en tiritas.
Freír la panceta picada y desechar el excedente de grasa. Aparte, dorar la cebolla en aceite de oliva y agregarle la panceta frita, enseguida agregar el tomate triturado y dejar hervir entre 18 y 20 minutos. Incorporar las aceitunas cortadas en cuartos, y las anchoas, dejar en fuego suave 3 a 5 minutos más. Salpimentar a gusto.

SALSA RAGÚ A LA BOLOÑESA

Ingredientes:

3 cucharadas de aceite
250 g de carne picada
2 cebollas picadas
2 dientes de ajos picados
1 cucharadita de pimentón
1 lata de tomates al natural
1 lata chica de champiñones
sal, pimienta, romero, tomillo
1 pizca de azúcar
1 pocillo de vino tinto
1 cucharadita de fécula de maíz

Preparación:

En una cacerola con el aceite dorar a fuego vivo la carne, las cebollas y el ajo, desmenuzando bien la carne con ayuda de un tenedor.
Añadir el pimentón, los tomates, los champiñones cortados en rodajitas, sal, pimienta, romero, tomillo y la pizca de azúcar. Agregar el vino tinto, dejar hervir a fuego fuerte durante 15 minutos, ligar y sazonar. Para ligar, si está demasiado líquida, agregar 1 cucharadita de fécula de maíz disuelta en agua fría.

Nota: Especial para acompañar spaghetti.

SALSA RAGÚ DE VEGETALES

Ingredientes:

2 cucharadas de aceite de oliva
30 g de manteca
1 atado de brócoli chico (congelado o fresco) separado en pequeñas ramitas
2 zanahorias tiernas raspadas y cortadas en cubitos
1 ají rojo y otro ají verde, ambos cortados en cubitos
3 berenjenas algo grandecitas cortadas en cubos
¼ litro de caldo de verdura
sal, pimienta
2 cucharadas de perejil picado
1 taza de queso parmesano rallado

Preparación:

En una cacerola o sartén, colocar el aceite con la manteca. Calentarlo y saltear todas las verduras, mezclarlas constantemente con cuchara de madera. Echar el caldo, salpimentar y cocinar a fuego suave hasta que las verduras estén cocidas y la salsa se haya espesado. Agregarle a último momento el perejil picado y el queso rallado.

SALSA DE ROQUEFORT

Ingredientes:

600 g de queso roquefort
1 taza grande (de café con leche) de salsa blanca

50 g de manteca
400 cm^3 de caldo de verduras
300 g de repollo crespo blanco cortado en finas tiritas
½ taza de nueces molidas
100 g de roquefort picado grandecito

Preparación:

Colocar a baño de María el queso roquefort para que se vaya fundiendo. Ya fundido, mezclarle la salsa blanca, y retirar del fuego. Saltear el repollo con la manteca y agregar a lo anterior; incorporar el caldo y a fuego suave cocinar 15 minutos.
Colar el repollo y agregarlo a la salsa de roquefort.
Utilizar la salsa sobre pasta seca y por encima de la pasta. Salpicar con nueces picadas y roquefort picado.

SALSA DE TOMATE, ALBAHACA Y AJO

(para ½ kg de pasta)

Ingredientes:

8 cucharadas de aceite de oliva
5 dientes de ajo cortados en láminas finas
2 latas de tomates perita con su jugo y cortados en trozos
1 kg de tomates frescos, maduros, pelados, sin semillas y cortados en cascos finos a lo largo
6 cucharadas de hojas de albahaca cortadas a mano en trocitos grandes de 1 cm de lado
1 pizca de ají molido
sal, pimienta

Preparación:

Colocar en una cazuela o sartén grande el aceite, calentar a fuego mediano tirando a suave y colocar los ajos, revolver con cuchara de madera, hasta que los ajos empiecen a chisporrotear. Agregar los tomates, la albahaca, el ají molido, salpimentar y cocinar hasta que la salsa se haya reducido, calcular unos 20 a 25 minutos.
En una olla con agua y sal cocinar la pasta, retirar cuando está "al dente" para obtener mejor resultado. Volcarla dentro de la cazuela o sartén. Mezclar allí dentro y luego servir en platos o fuente precalentados.
Para realizar esta operación tener en cuenta el tamaño de la cazuela o sartén.

Nota: Esta salsa acompaña muy bien a los spaghetti, spaghettini y penne rigati.

SALSA A LOS TRES QUESOS

(para ½ kg de pasta seca)

Ingredientes:

300 g de queso gruyere rallado
300 g de queso fontina rallado
300 g de queso fundido rallado
salsa blanca (fluida) preparada con ¼ litro de leche
sal, pimienta recién molida

Preparación:

Colocar los quesos en un recipiente a baño de María. Mezclarlos constantemente con cuchara de madera y, si es posible, mover

la cuchara en forma de ochos. Cuando estén fundidos, incorporar la salsa blanca.
Verificar la sal y moler pimienta negra sobre la salsa. Mezclar.
Ya colada la pasta, volverla a la cacerola, mezclar con la pasta colada y servir en fuente o platos precalentados.

SALSA DE VEGETALES

Ingredientes:

2 zanahorias
3 zucchini
4 morrones
4 berenjenas
200 g de brócoli congelado o fresco
100 g de manteca
¼ litro de caldo de verduras
sal, pimienta
queso parmesano rallado

Preparación:

Cortar las verduras en pequeños cubitos. De los zucchini y las berenjenas se usa principalmente la cáscara y un centímetro del interior desechando las semillas. Separar las flores de brócoli; si son grandes, cortarlas por la mitad.
Saltear las verduras, todas juntas, en manteca bien caliente y salpimentar. Agregar el caldo y terminar la cocción, aproximadamente 20 minutos a fuego suave.
Retirar del fuego y agregar el queso parmesano rallado, agregar unas hebritas de azafrán y cubrir la pasta elegida.
Acompañar con abundante queso rallado.

TUCO

Ingredientes:

1 pocillo de aceite
2 dientes de ajo
750 g de peceto
1 cebolla grande finamente picada
1 ají rojo picado
1 cucharada de hongos remojados
1 zanahoria
1 ramito compuesto por tomillo, orégano, salvia y estragón francés
3 tomates pelados y cortados
1 cucharada de extracto de tomate
1 copa de vino blanco seco
1 cucharadita de azúcar
sal y pimienta a gusto
½ kg de salchichas

Preparación:

Rehogar en el aceite los ajos machacados; agregar el peceto y dorar por todos sus lados. Luego incorporar la cebolla, el ají, los hongos remojados, escurridos y picados, la zanahoria rallada, el ramito de hierbas, el tomate picado, el extracto disuelto en vino blanco seco, agregar por último el azúcar, la sal y la pimienta. Aparte, en una pequeña sartén colocar las salchichas cortadas en trocitos para desgrasarlas, luego retirar e incorporar a la preparación anterior. Dejar reducir, agregando caldo si hiciera falta, hasta que el tuco se note espeso.
Servir con la pasta deseada y abundante tuco y queso parmesano rallado.

Nota: A la salchicha, una vez desgrasada, se le puede retirar la piel.

TUCO AL ESTILO DE PIAMONTE

Ingredientes:

1 pocillo de aceite
2 ajos
1 cebolla grande picada
1 ají rojo picado
1 zanahoria rallada
1 kg de tomates perita pelados y picados
1 ramito de hierbas frescas de orégano, salvia y estragón francés
sal y pimienta
1 cucharadita de azúcar
100 g de carne picada
200 g de salchicha fresca
1 vaso de vino blanco seco
1 taza de caldo desgrasado

Preparación:

Rehogar en aceite bien caliente los ajos machacados, agregar la cebolla, el ají y la zanahoria rallada; una vez dorados los ajos, retirarlos. Dejar cocinar un momento y agregar los tomates pelados sin semillas y picados, el ramito de hierba, la sal, pimienta, el azúcar, la carne picada y, por último, la salchicha cocinada aparte, desgrasada y sin piel. Si se necesita más líquido, agregar el vino blanco y el caldo desgrasado. Continuar la cocción hasta que el tuco esté bien concentrado.

ÍNDICE ALFABÉTICO

Agnolotti, 31
Antipasti, 11, 12, 13, 14, 15
Bucatini o spaghetti alla matriciana, 32
Canelones a la Rossini, 37
Canelones de carne, 33
Canelones de humita, 34
Canelones de panqueques, 36
Cappelletti de pollo y jamón, 39
Cappelletti en caldo, 38
Caracoles grandes con salsa de romero a la crema, 40
Caracolitos o moñitos al olio, 41
Celentani o cavatappi alla boscaiola, 42
Conchiglie con salsa de tomate y salchichas, 43
Ensalada de macarroncitos frutal, 44
Ensalada de penne rigati tricolores, 46
Ensalada New York, 45
Estofado, 123
Farfalle con salmón ahumado, 47
Fettucine a las hierbas, 49
Fettucine all'Alfredo, 48
Fettucine o tagliatelle a la crema con vegetales, 50
Fideos arrollados, 51
Fusilli a la putanesca, 52
Guiuvetsi, 53
Kreplaj, 54
Lasañas Alejandra, 55
Lasañas argentinas, 57
Lasañas con berenjenas, 58
Lasañas Miami, 61

Lasañas preferidas, mis, 62
Lasañas verdes a la boloñesa, 59
Linguine all'arrabbiata, 64
Macarrones con camarones, 65
Macarrones con salsa griega, 66
Malfati, 68
Masa básica de harina con huevos, 19
Masa de los ñoquis de Ketty, 23
Masa de tallarines al puro huevo, 26
Masa de tallarines verdes, 27
Masa para canelones, 21
Masa para fideos con harina integral, 22
Masa para orecchiette, 24
Masa para ravioles, 25
Masas de color, 21.
Ñoquis a la parisién, 75
Ñoquis a mi estilo, 71
Ñoquis alemanes, 69
Ñoquis de calabaza, 70
Ñoquis de morrones con salsa scarparo, 74
Ñoquis de sémola a la romana, 76
Ñoquis de verdura, 77
Orecchiette (orejitas) Zingarella, 78
Pansoti, 79
Pasticcio, 80
Pastielo, 82
Penne rigati con brócoli, 83
Pesto a la crema, 123
Pesto con nueces, 124
Pesto para las pastas naturales, 125
Piroguis, 84
Ravioles de carne, 85
Ravioles de pollo, 87
Ravioles de ricota con salsa de azafrán, 89
Ravioles de ricota, 88
Ravioles de verdura, 92
Ravioles verdes de ricota, 91
Raviolini, 93
Roscas o nidos con salsa de calamares, 94
Salsa de tomates, albahaca y ajo, 140
Salsa a los tres quesos, 141
Salsa Bechamel, 125
Salsa boloñesa, 126

Salsa crema al azafrán, 127
Salsa de hongos, 129
Salsa de langostinos, 130
Salsa de manteca y tomates, 131
Salsa de melón, 131
Salsa de nueces, 133
Salsa de oporto, 134
Salsa de pollo, 135
Salsa de roquefort, 139
Salsa de vegetales, 142
Salsa especial de tomate, 128
Salsa griega, 128
Salsa Miguel Ángel, 132
Salsa pizzaiola, 135
Salsa putanesca I, 136
Salsa putanesca II, 137
Salsa ragú a la boloñesa, 138
Salsa ragú de vegetales, 139
Sopa minestrone, 95
Sorrentinos con salsa fileto, 96
Spaghetti a la carbonara, 98
Spaghetti a la Singapur, 101
Spaghetti a la vongole, 102
Spaghetti al pesto, 100
Spaghetti al tomate, 102
Spaghetti con frutos de mar, 99
Spaghettini con calamares, 103
Spatzli, 104
Strozzapreti con salsa de tomate, 105
Tagliatelle con berenjenas, 106
Tallarines con hierbas aromáticas, 107
Tallarines negros (con tinta de calamares), 108
Tallarines rellenos, 109
Tallarines verdes con pesto y salsa de azafrán, 110
Timbal de macarrones, 112
Tortelli al tuco, 113
Tortelloni con salsa de tomate a la manteca, 115
Tríptico, 117
Tuco al estilo de Piamonte, 144
Tuco, 143
Vermicelli con caviar, 119
Zancanas, 120